Alex Bieli Ruedi Fricker

Deutsch
Kompaktwissen
Band 2

- Textsorten
- Stilistik

der bildungsverlag

der bildungsverlag
www.hep-verlag.ch

Deutsch Kompaktwissen. Band 2 – Lösungen
ISBN 978-3-03905-361-2

Alex Bieli, Ruedi Fricker
Deutsch Kompaktwissen
Band 2 – Textsorten, Stilistik
ISBN 978-3-03905-504-3

Gestaltung/Umschlag: Atelier Kurt Bläuer, Bern

Bibliografische Information Der Deutschen Bibliothek.
Die Deutsche Bibliothek verzeichnet diese Publikation in der Deutschen
Nationalbibliografie; detaillierte bibliografische Angaben sind im
Internet unter http://dnb.ddb.de abrufbar.

2., durchgesehene Auflage 2009
Alle Rechte vorbehalten © 2007 hep verlag ag

hep verlag ag
Brunngasse 36
CH–3011 Bern

www.hep-verlag.ch

Inhaltsverzeichnis

«Staunende Anfänger...»

Schreiben heisst, Gedanken und Ideen in grafische Symbole umzuwandeln und daraus Sinneinheiten zu bilden. Ein abstrakter, komplexer Vorgang, der Sprachwissen, Erfahrung und Kreativität voraussetzt. Wie schwierig dieser Vorgang ist, «wo man aus einem kleinen Häufchen von Buchstaben Wörter, Sätze, Bücher und graphische Abbilder des ganzen Weltalls zusammensetzen kann», können wir bei einem grossen Dichter nachlesen. Hermann Hesse erhielt im Jahre 1946 den Nobelpreis für Literatur. Jahre später schrieb er, dass er sich in den Bemühungen um die Beherrschung der deutschen Sprache immer noch «wie ein staunender Anfänger» vorkomme.

Solche Bescheidenheit und Selbstkritik aus der Feder eines grossen Sprachkünstlers tut uns «Normalverbrauchern» gut und relativiert so manche absolute Qualitätsansprüche an die eigenen sprachlichen Produkte. Trotzdem: Die eigene Sprachkompetenz können wir durch Reflexion und Übung laufend optimieren. Auch bei der Schulung wird im Zuge der Diskussionen um die Resultate der PISA-Studien auf die systematische Förderung der literalen Kompetenz – der Fähigkeit, Texte zu schreiben und zu lesen – wieder ein besonderes Augenmerk gelegt. Das vorliegende Lehr- und Lernmittel soll helfen, Ihre persönliche Schreibkompetenz zu fördern und Sie in Ihrem Sprachhandeln dadurch gewandter und sicherer zu machen.

Inhalt und Aufbau

Wie Band 1 ist auch dieses Lehrmittel thematisch gegliedert. Die Ausrichtung liegt einerseits auf dem Wissen über Sprache (Theorie) und andererseits auf dem Sprachtraining (Praxis). Im ersten Teil sind 16 für den schulischen, beruflichen und privaten Alltag wichtige Textsorten übersichtlich und knapp dargestellt. Zu jeder einzelnen Textsorte finden Sie mindestens ein Beispiel auf der rechten Seite.* Diese Beispiele sind nicht als «absolut gültige Mustervorlagen» zu verstehen, sondern dienen als Vergleich für Ihre eigenen Texte.

Im zweiten Teil liegt der Fokus auf dem gezielten Training einzelner Teilkompetenzen im Bereiche der Stilistik. Auch hier wurde die Systematik des ersten Bandes übernommen, indem Sie jeweils auf der linken Seite das theoretische Kompaktwissen zu einem Thema erhalten und auf der rechten Seite Übungen vorfinden.

Der Schlüssel enthält bewusst nur Lösungsvorschläge, denn die Stilistik ist keine «exakte Wissenschaft», bei welcher die Resultate entweder richtig oder falsch sind. Es geht vielmehr darum, die eigenen Lösungen mit unseren Vorschlägen zu vergleichen.

Zielpublikum

«Deutsch Kompaktwissen. Band 2» richtet sich an Lernende der Sekundarstufe II, aber auch an Erwachsene. Es kann eingesetzt werden im Unterricht der beruflichen Ausbildung sowie in Aus- und Weiterbildungskursen im Rahmen der Erwachsenenbildung. Zudem kann das Lehrmittel zum Auffrischen, Ergänzen, Festigen und Vertiefen von bereits Gelerntem im Sinne eines Selbststudiums dienen.

Anwendung

Die konsequente Gliederung in Theorie (linke Seite) und Praxis (rechte Seite) könnte dazu verleiten, das Lehrmittel von der ersten bis zur letzten Seite systematisch durchzuarbeiten. Von dieser Arbeitsweise raten wir ab. Vielmehr soll das Lehrmittel modular eingesetzt werden. Damit bauen Sie gezielt zum richtigen Zeitpunkt jene Kompetenzen auf, die Sie gerade brauchen. Auch lernpsychologisch ist ein solches Vorgehen wirkungsvoller.

Die Autoren: **Alex Bieli, Ruedi Fricker**

* Texte ohne spezifische Quellenangaben stammen von den Autoren.

Die verschiedenen Textsorten

«Wir Dichter sind von der Sprache abhängig, sie ist unser Werkzeug, dessen Beherrschung keinem einzelnen je gelingt; wenigstens kann ich von mir sagen, dass ich seit meinem Eintritt in die Schule vor mehr als siebzig Jahren nichts anderes so zäh und fortdauernd getrieben habe wie die Bemühung um die Kenntnis und Beherrschung der deutschen Sprache und dass ich mir darin immer noch wie ein staunender Anfänger vorkomme, der sich bezaubert und halb ängstlich, halb beglückt in die Irrgärten des Alphabets einführen lässt, wo man aus einem kleinen Häufchen von Buchstaben Wörter, Sätze, Bücher und graphische Abbilder des ganzen Weltalls zusammensetzen kann.»

Diese Betrachtungen über das Schreiben stammen von Hermann Hesse (1877–1962). Er verfasste sie 1959, dreizehn Jahre nachdem er den Nobelpreis für Literatur erhalten hatte. Das nicht-literarische, sachbezogene Schreiben stellt zwar nicht derart hohe Anforderungen wie die Literatur. Doch anspruchsvoll ist es allemal und es setzt ein paar wichtige Fähigkeiten voraus.

Welches sind die Voraussetzungen für erfolgreiches Schreiben?*

Schreiben ist Handeln in schriftlicher Form. Dieses Handeln geschieht in einem sozialen Kontext und ist in diesem Sinne immer Interaktion – eine Wechselbeziehung zwischen Schreibenden (Sendern) und Lesenden (Empfängern bzw. Adressaten). Erfolgreiches, wirksames Schreiben ist von folgenden Faktoren abhängig:

> Kommunikationsfähigkeit und Kommunikationsbereitschaft
> Sprachkompetenz (Ausdrucksfähigkeit, Wortschatz, formale Korrektheit, Grammatik, Stil und Ton)
> Lesekompetenz
> Sachwissen
> Kreativität
> Fähigkeit zu einer umfassenden Situationsanalyse (Wer? Was? Wie? Wann? Wozu?)
> Zielstrebigkeit, Planungsfähigkeit und Entscheidungsfähigkeit
> Methodische Fähigkeiten (z. B. bei der Informationsbeschaffung und -verarbeitung)
> Darstellungs- und Gliederungsfähigkeit

Was muss beim Schreiben beachtet werden?

Beim Schreiben sind folgende vier Aspekte zu beachten, wobei die Gewichtung je nach Textsorte unterschiedlich sein kann.

Inhalt
Was will ich mitteilen?
Worüber will ich bzw. muss ich schreiben?
Welche Tatsachen und Fakten kenne ich?
Welche Informationen muss der Text enthalten?

Form
Welche Textsorte ist die passende?
Welche Textsorte wird verlangt?
Welche Darstellungsform unterstützt den Inhalt?
Welche sprachlich-stilistische Form passt zum Inhalt, zum Adressat und zur Absicht?

Empfänger/Adressat
An wen ist der Text gerichtet?
Welches sind die möglichen Leserinnen und Leser (Alter, Geschlecht, Position, Anzahl u. a.)?

Absicht
Was ist meine Intention, mein Appell?
Was will ich mit dem Text erreichen?
Welche Reaktion will ich auslösen?

*Quelle: Peter Bonati: Schreiben und Handeln. Verlag Sauerländer, 1990.

Überblick

Fiktionale Texte

fingiertes / kreatives / literarisches / freies Schreiben

Epik (Prosa)
> Märchen
> Fabel
> Parabel
> Satire
> Anekdote
> Kurzgeschichte
> Erzählung*
> Science-Fiction
> Novelle
> Roman
> u. a.

Lyrik (Gedichte)
> Gedicht
> Ballade
> Ode
> Hymne
> Lied
> u. a.

Dramatik (Theater)
> Tragödie
> Komödie
> Lustspiel
> Schwank
> Hörspiel
> u. a.

Nicht-fiktionale Texte

sachliches / pragmatisches / wahrheitsgetreues Schreiben

Berichten
> Arbeitsbericht*
> Tagungsbericht
> Jahresbericht
> Reisebericht
> Unfallbericht
> Reportage*
> Zeitungsbericht*
> u. a.

Beschreiben
> Personen-
beschreibung*
> Bildbeschrei-
bung*
> Vorgangs-
beschreibung*
> Inhaltsangabe*
> Zusammen-
fassung
> u. a.

Dokumentieren
> Protokoll*
> Lebenslauf*
> Arbeitszeugnis*
> Biografie
> Autobiografie
> u. a.

Argumentieren
> lineare
Erörterung*
> dialektische
Erörterung*
> Textinterpre-
tation*
> Gesuch*
> Einsprache
> Kündigung
> u. a.

Appellieren
> Stellen-
bewerbung*
> Werbetext*
> Offener Brief
> Aufruf
> Flugblatt
> u. a.

*Diese Textsorten werden im Buch behandelt.

7

Die Erörterung (Einleitung)

In einer Erörterung setzt man sich in argumentierender Weise mit einem Sachverhalt, einer Fragestellung, einem Ereignis, einem Text oder Begriff auseinander. Dabei werden die Grundregeln des Argumentierens beachtet. Formal unterscheidet man zwei Grundformen: die linear und die dialektisch aufgebaute Erörterung (siehe Seiten 10 und 12). Das wirksame, differenzierte und überzeugende Argumentieren ist das A und O einer guten Erörterung. Kohärente Argumentationen sind nicht nur in den klassischen Erörterungen wichtig, sondern auch in Textformen wie Leserbriefen und allgemeinen Stellungnahmen, in Briefen (Beanstandungen, Mängelrügen, Mahnungen, Gesuche und Einsprachen) sowie in Arbeitszeugnissen und Kündigungsschreiben.

Grundregeln für das Argumentieren

> Jede wertende Äusserung, Meinung, Behauptung oder These begründen
> Beweisführung durch eigene Erfahrungen, konkrete Beispiele, überprüfbare Tatsachen und durch Hinweise auf Spezialisten, Publikationen, allgemeine Wertvorstellungen (z.B. Menschenrechte)
> Einseitigkeiten, Verallgemeinerungen, Vorurteile, Schuldzuweisungen vermeiden
> Erörterungen nach einem bestimmten Aufbau gliedern

Aufbau von Argumentationsreihen

Argumentation in 5 Schritten	Argumentation in 4 Schritten	Argumentation in 3 Schritten
1. Meinung/Behauptung/ These	1. Meinung/Behauptung/ These	1. Meinung/Behauptung/ These
2. Begründung	2. Begründung	2. Begründung
3. Verstärkung	3. Beweisführung	3. Beweisführung
4. Beweisführung	4. Fazit/Forderung	
5. Fazit/Forderung		

Die 3-Schritt-Argumentation ist die einfachste und die am meisten angewendete Methode. In der Regel genügt sie für eine solide, überzeugende Argumentation.

Sprachliche Gestaltung

> sachliche und klare Ausdrucksweise
> einfache, kurze Sätze
> keine direkte Rede
> Zeitform: grundsätzlich Präsens, Wechsel zu Vergangenheit und Zukunft möglich
> neutrale Formulierungen
> Ich- bzw. Wir-Formen erst bei der persönlichen Stellungnahme am Schluss

Die Argumentation in 5 Schritten (zum Thema *Massenmedien*)

1. These	Nichts hat das Denken der Menschen in den vergangenen 100 Jahren so stark beeinflusst wie die Massenmedien – allen voran das Fernsehen.
2. Begründung	Keine andere Erfindung hat die Möglichkeit, Menschen direkt, dauernd und fast überall mit Meinungen, Ideen und Bildern zu bedienen.
3. Verstärkung	Hinzu kommt, dass man aus Untersuchungen und Experimenten weiss, dass junge Menschen ihre Einstellungen und Haltungen zum Teil aufgrund von Vorbildern aus Fernsehsendungen entwickeln.
4. Beweisführung	Dies führte schon dazu, dass Jugendliche selber Überfälle, Einbrüche und andere kriminelle Taten nach den Mustern in Film-Darstellungen verübten. Das zeigt, dass sie Fiktion und Realität nicht mehr auseinanderhalten konnten.
5. Fazit	Massenmedien sind weit mehr als eine Modeerscheinung; sie sind ein weiter expandierendes, lukratives Geschäft, durch welches die Menschen in Zukunft noch stärker manipuliert und gesteuert werden dürften – gesellschaftlich, kulturell und politisch eine nicht ungefährliche Entwicklung.

Die Argumentation in 4 Schritten (zum Thema *Stimm- und Wahlrechtsalter 16*)

1. Meinung	Das Stimm- und Wahlrechtsalter sollte auf allen politischen Ebenen auf 16 Jahre gesenkt werden.
2. Begründung	Viele junge Menschen interessieren sich heute für politische Fragen und sind über Abstimmungen und Wahlen gut informiert.
3. Beweisführung	So hat eine Umfrage bei 14- bis 16-Jährigen ergeben, dass rund 60 Prozent der Befragten über die Argumente der Befürworter und Gegner bei der Abstimmung über das neue Naturschutzgesetz Bescheid wussten.
4. Forderung	«Die jungen Menschen sind die Gestalter von morgen.» In diesem Sinne muss man sie so früh wie möglich am politischen Meinungsbildungsprozess teilhaben lassen.

Die Argumentation in 3 Schritten (zum Thema *Liberalisierung von weichen Drogen*)

Behauptung	Die meisten Verbote erzielen die erhoffte Wirkung nicht; das ist auch bei den harten und weichen Drogen nicht anders.
Begründung	Mit Verboten bekämpft man nur die Folgen und nicht die Ursachen des Problems. Wirksamer wäre, mehr Mittel in die Prävention zu investieren. Hinzu kommt, dass bei vielen Menschen durch Verbote der «Reiz des Nichterlaubten» steigt.
Beweisführung	Laut den neusten Zahlen des deutschen Bundeslandes Bayern ist die Zahl der durch den Konsum von Drogen abhängigen Menschen in den vergangenen 10 Jahren um 30 Prozent gestiegen, trotz einer restriktiven Repressionspolitik.

Sprachliche Verknüpfungen

Die Argumentationsketten müssen nicht nur inhaltlich, sondern auch auf sprachlicher Ebene logisch verknüpft sein. Dazu stehen Konjunktionen mit unterschiedlichen Funktionen zur Verfügung.

Konjunktionen (Funktionen)	Beispiele
temporal (zeitlich)	während, wenn, nachdem, als, sobald, seit, bis, bevor
modal (die Art und Weise darstellend)	indem, indem dass, dadurch, dadurch dass, dass
kausal (begründend)	weil, da, denn
final (eine Absicht/einen Zweck darstellend)	damit
konditional (eine Bedingung darstellend)	wenn, falls, sofern
konzessiv (eine Einschränkung darstellend)	obwohl, obgleich, obschon, wenn auch, aber, jedoch
instrumental (die Mittel darstellend)	indem, dadurch dass
komparativ (einen Vergleich darstellend)	wie, als, als ob

Die lineare Erörterung

In einer linearen Erörterung geht es im Gegensatz zur dialektischen Erörterung nicht um eine Gegenüberstellung von Pro und Kontra, sondern um die argumentative Begründung eines Standpunkts, die gradlinig (linear) zum Fazit hinführt. Dabei sind die Grundregeln für das Argumentieren zu beachten. Anwendungsmöglichkeiten: Aufsatz, Leserbriefe, Gesuche, Beschwerden, Beanstandungen, Einsprachen, Kündigungsschreiben u. a.

Aufbau und Inhalt

Teile	Umfang	Inhalt	Bemerkungen
Einleitung	zirka 10–20 %	> Allgemeine Einführung ins Thema mit einem geschichtlichen Aspekt, einem aktuellen Bezug, einem Sprichwort oder Zitat, einer Begriffsdefinition oder einem persönlichen Erlebnis > Abschluss wenn möglich mit einer Frage, die im Text beantwortet wird.	> das Interesse der Leser und Leserinnen wecken; schrittweise Hinführung zum Thema > noch keine persönliche Stellungnahme > Sollte die Aufgabenstellung eine Frage beinhalten, kann diese am Schluss der Einleitung nochmals aufgenommen werden.
Hauptteil	zirka 60–80 %	> 3 bis 5 Punkte des Themas erörtern > Anwendung der Argumentationstechnik > Steigerung vom weniger Wichtigen zum Wichtigen	> verschiedene Aspekte des Problems thematisieren > Argumentationsketten klar aufbauen > neutrale Perspektive > optische Gliederung der einzelnen Teile, bei längeren Texten Zwischentitel setzen
Schluss	zirka 10–20 %	> Der Schluss kann folgende Elemente beinhalten: eine Antwort auf die eingangs gestellte Frage, eine Zusammenfassung, eine Folgerung, einen Ausblick in die Zukunft, einen persönlichen Wunsch u. a.	> Der Schluss rundet die Erörterung ab und muss mit dem Text in engem Zusammenhang stehen. > Die Schlusssätze sollten überzeugend wirken. > Die persönliche Meinung muss klar zum Ausdruck kommen.

Sprachliche Gestaltung

> sachliche und klare Ausdrucksweise
> einfache, eher kurze Sätze
> keine direkte Rede
> Zeitform: grundsätzlich Präsens, Wechsel zu Vergangenheit und Zukunft möglich
> neutrale Formulierungen in der Einleitung und im Hauptteil
> Ich- bzw. Wir-Formen erst bei der persönlichen Stellungnahme am Schluss

Thema

Schutz vor Passivrauchen

Aufgabe

Begründen Sie, weshalb die Bevölkerung vor dem Passivrauchen geschützt werden soll, und zeigen Sie konkrete Massnahmen auf.

«Passivrauchen gefährdet Ihre Gesundheit!»

Jeden Tag stirbt in der Schweiz ein Mensch am Tabakrauch, obwohl er nie geraucht hat. Tausende leiden an Lungenkrankheiten. Betroffen sind Personen jeder Altersstufe. Am stärksten gefährdet sind jedoch Kinder, welche die giftigen Chemikalien und krebserregenden Stoffe ihrer rauchenden Eltern täglich einatmen. Weshalb sollen die Menschen vor den Folgen des passiven Rauchens geschützt werden? Mit welchen Massnahmen?

Weshalb der Schutz vor dem Passivrauchen?

Ein wichtiges Argument ist der immense volkswirtschaftliche Schaden durch Krankheiten und dadurch verursachte Abwesenheit vom Arbeitsplatz. Gezielte Anti-Raucher-Massnahmen und strikte gesetzliche Verbote können die Krankheits- und andere Kosten beträchtlich senken und gleichzeitig die Zahl der Todesfälle und Erkrankungen erheblich reduzieren.

Das schlagendste Argument für einen wirksamen Schutz vor dem Passivrauchen findet sich jedoch in der Bundesverfassung: Das Recht auf Leben und körperliche Unversehrtheit und das Recht der Kinder und Jugendlichen auf die Förderung ihrer Entwicklung. Beide Menschenrechte werden durch die Luftverschmutzung infolge von Tabakrauch massiv eingeschränkt. Das darf nicht sein, zumal zwei Drittel der Bevölkerung, die keine Tabakprodukte konsumieren, tagtäglich dem Rauch als Opfer ausgesetzt sind.

Wie soll das Problem angegangen werden?

Eine wichtige Massnahme umfasst Aufklärung und Prävention. Gerade im privaten Bereich, also in den Wohnungen, sind diese Mittel wichtig, denn hier sind aus Gründen der persönlichen Freiheitsrechte (Schutz der Privatsphäre) gesetzliche Massnahmen kaum durchzusetzen. Mit Werbe- und Aufklärungskampagnen sollte auf die Gefahren für die Kinder hingewiesen und gleichzeitig an die Eigenverantwortung appelliert werden. Das beste Resultat wäre natürlich, wenn die Eltern auf das Rauchen nicht nur in der Wohnung, sondern grundsätzlich verzichten würden.

Doch es braucht auch Massnahmen auf gesetzlicher Ebene. Bereits haben einzelne Kantone griffige Gesetze zum Schutz der Bevölkerung vor dem Passivrauchen erlassen. So hat sich das Tessiner Volk im März 2006 mit deutlicher Mehrheit für ein generelles Rauchverbot in Restaurants, Diskotheken, Cafés und Bars ausgesprochen. Der Kanton Solothurn zog nach und erliess das bis anhin schärfste Anti-Raucher-Gesetz der Schweiz. Es basiert auf den drei Säulen Rauchverbot in öffentlichen Räumen, Werbeverbot und Verkaufsverbot an Jugendliche unter 16 Jahren. Auch auf Bundesebene tut sich einiges. Hier wird im kommenden Jahr über ein neues Gesetz zum «Schutz der Bevölkerung und der Wirtschaft vor dem Passivrauchen» debattiert.

Information, Prävention und gesetzliche Einschränkungen genügen jedoch nicht. Es braucht auch dringend ein gesamtschweizerisches striktes Werbeverbot für alle Tabakwaren und ein generelles Verkaufsverbot an Jugendliche. Auch sollten die Preise für Tabakwaren stark erhöht werden. Dies würde sicher viele davon abhalten, mit dem Rauchen zu beginnen, und einige Raucherinnen und Raucher dazu bewegen, damit aufzuhören.

Rauchen ist für wenige ein Genuss, für viele eine Sucht und für die meisten eine Belästigung, der sie zum Teil wehrlos ausgesetzt sind. Meiner Meinung nach müssen wir alle einerseits im privaten Umfeld mit etwas Zivilcourage und andererseits im öffentlichen Leben mit gesetzlichen Massnahmen dafür sorgen, dass das Grundrecht auf ein gesundes Leben durchgesetzt wird. Darin sind wir alle gefordert.

Die dialektische Erörterung

Das Wort «Dialektik» stammt ursprünglich aus dem Griechischen und heisst lateinisch «(ars) dialectica», Kunst der Gesprächsführung in Rede und Gegenrede. In vielen gesellschaftlichen Fragen gibt es nicht einfach ein Entweder-Oder, sondern oft sind verschiedene Haltungen, Einstellungen, Meinungen und Lösungen möglich. Diesem Umstand trägt die dialektische Erörterung Rechnung, indem sie Pro und Kontra, das Für und Wider, die Vorteile und Nachteile oder in der Sprache der Dialektik die Thesen und Antithesen einander sachlich gegenüberstellt. Aus dieser Gegenüberstellung ergibt sich am Schluss eine persönliche Stellungnahme in Form einer Synthese, einer Schlussfolgerung, eines Fazits. Dabei gibt es nie die «richtige» Lösung oder Schlussfolgerung. Wichtig jedoch ist, dass die eigene Meinung gut begründet wird. Auch hier gelten die Grundregeln für das Argumentieren (siehe Seite 8). Anwendungsmöglichkeiten: Aufsatz, grössere Projekt- und Seminararbeiten, allgemeine Stellungnahmen, Leserbriefe, Fachberichte u. a.

Aufbau und Inhalt

Der Aufbau ist grundsätzlich gleich wie bei der linearen Erörterung (siehe Seite 16). Jedoch gibt es Unterschiede bei der Gliederung des Hauptteils. Bei der Anordnung der Thesen und Antithesen eignen sich folgende beide Gliederungsmöglichkeiten:

«Block-Methode»

Einleitung
Allgemeine Einführung ins Thema mit einem geschichtlichen Aspekt, einem aktuellen Bezug, einem Sprichwort oder Zitat, einer Begriffsdefinition oder einem persönlichen Erlebnis. Abschluss mit Frage.

Hauptteil
Block mit Thesen (Pro-Argumente)
1. Pro-Argument (wichtig)
2. Pro-Argument (wichtig)
3. Pro-Argument (sehr wichtig)
4. …

Überleitung

Block mit Antithesen (Kontra-Argumente)
1. Gegenargument (wichtig)
2. Gegenargument (wichtig)
3. Gegenargument (sehr wichtig)
4. …
Es empfiehlt sich, den Hauptteil mit denjenigen Argumenten abzuschliessen, welche die eigene Meinung stützen.

Schluss
Persönliche Stellungnahme in Form einer Synthese, eines Kompromissvorschlags, einer Schlussfolgerung, eines Ausblicks in die Zukunft, in Form einer Forderung u. a.

«Ping-Pong-Methode»

Einleitung
Allgemeine Einführung ins Thema mit einem geschichtlichen Aspekt, einem aktuellen Bezug, einem Sprichwort oder Zitat, einer Begriffsdefinition oder einem persönlichen Erlebnis. Abschluss mit Frage.

Hauptteil

1. These/Argument	1. Antithese/Gegenargument
2. These/Argument	2. Antithese/Gegenargument
3. These/Argument	3. Antithese/Gegenargument
4. …	4. …

(*Hinweis:* Die «Ping-Pong-Methode» ist strukturell und sprachlich anspruchsvoller, da beim häufigen Wechsel von Pro und Kontra immer deutlich sein muss, aus welcher Perspektive argumentiert wird.)

Schluss
Persönliche Stellungnahme in Form einer Synthese, eines Kompromissvorschlags, einer Schlussfolgerung, eines Ausblicks in die Zukunft, in Form einer Forderung u. a.

Sprachliche Gestaltung

analog lineare Erörterung, siehe Seite 10.

Thema

Limitierung von Höchstgeschwindigkeit und Motorenstärke bei Autos

Aufgabe

Erörtern Sie die Vor- und Nachteile einer Limitierung von Höchstgeschwindigkeit und Motorenstärke bei Autos. Nehmen Sie am Schluss persönlich Stellung dazu.

Sollen Tempo und PS gesetzlich limitiert werden?

«Zu schnell in die Kurve – vier junge Menschen tot». Solche und ähnliche Schlagzeilen liest man häufig in den Zeitungen, vor allem nach dem Wochenende. Viele Unfälle könnten möglicherweise durch die Regulierung von Höchstgeschwindigkeit und Motorenstärke vermieden werden. Welche Gründe sprechen für diese Massnahme, welche dagegen?

Durch eine solche Massnahme würde sich der sehr dichte und hektische Verkehr auf unseren Strassen sicherlich wieder etwas verflüssigen und beruhigen – ein Nebeneffekt, der für alle Verkehrsteilnehmenden von Vorteil wäre.
Ein zweiter Vorteil wäre die Schonung der Umwelt, denn weniger kraftvolle Motoren und langsameres Fahren verursachen tiefere Schadstoffmengen. Dies käme auch den Menschen zugute, da bessere Luft weniger Atembeschwerden und damit mehr Lebensqualität zur Folge hat.
Doch nicht nur die Umwelt, sondern auch das Budget jedes einzelnen Autofahrers würde geschont. Die Rechnung ist einfach: Weniger Treibstoffverbrauch, weniger Ausgaben.
Der wichtigste Effekt wäre aber die Reduktion der Unfälle. Aus den Statistiken der Polizei weiss man, dass tödliche Autounfälle oft in der Folge von nichtangepasster, zu schneller Fahrweise geschehen; man spricht in diesen Fällen von so genannten «Raserunfällen». Autos mit weniger Motorenkraft und einer tiefen Höchstgeschwindigkeit – zum Beispiel 120 km/h – könnten sicher dazu beitragen, dass weniger Menschen ihr Leben auf den Strassen verlieren müssten. In der Schweiz sind dies immerhin rund 200 pro Jahr.

Jedoch muss man sich bewusst sein, dass durch eine generelle Limitierung von Höchstgeschwindigkeit und Motorenstärke die Attraktivität des Autos als Statussymbol stark herabgesetzt würde. Dies könnte sich wirtschaftlich negativ auf die Automobilbranche auswirken und Arbeitsplätze gefährden. In diesem Zusammenhang ist vor allem auch an die so genannte «Veredlungsindustrie» wie Tuningbetriebe und Zubehörfirmen zu denken.
Nicht zu unterschätzen sind auch die möglichen negativen Folgen für die Volkswirtschaft eines Landes, wenn solche Massnahmen nur national und nicht international eingeführt würden. Es ist durchaus möglich, dass die Standort-Attraktivität stark vermindert würde.
Auch zu bedenken ist die Gefahr, dass notorische Raser sich auf den Strassen eines Landes, welche keine PS- und Tempolimiten kennt, austoben würden, unter Umständen mit tödlichen Folgen. Das Problem wäre somit nicht gelöst, sondern bloss «exportiert».
Der grösste Nachteil einer solchen Massnahme ist die Einschränkung der Selbstbestimmung und der persönlichen Freiheit. Es ist bekannt, dass sich die grosse Mehrheit im Strassenverkehr korrekt verhält; diese wäre bestraft wegen des rücksichtslosen Verhaltens einiger weniger.

Trotz den vielen Vorteilen bin ich gegen ein Gesetz, welches Motorenstärke und Höchstgeschwindigkeit bei allen Autos generell limitiert. Hingegen wäre es eine wirksame Massnahme für Raser. So dürften diese zum Beispiel nur noch Autos mit 50 PS und einer maximalen Geschwindigkeit von 100 km/h fahren. Und die Autos müssten speziell gekennzeichnet sein, zum Beispiel mit dem Aufkleber «careful driver».

Titel als Frage

Einleitung
Schlagzeile

Frage

Hauptteil
Block mit 4 Pro-Argumenten:
1. Verkehrsfluss (wichtig)
2. Umweltschutz (wichtig)

3. Geld, Budget (wichtig)

4. Todesfälle (sehr wichtig)

Block mit 4 Kontra-Argumenten:

1. Arbeitsplätze (wichtig)

2. Standort-Attraktivität (wichtig)

3. Problemverschiebung (wichtig)

4. Persönliche Freiheit (sehr wichtig)

Schluss
persönliche Meinung (Ich-Form), neuer Vorschlag im Sinne eines Kompromisses.

Die Interpretation von literarischen Texten

Die Interpretation von literarischen Texten geht über die reine Inhaltsangabe hinaus. Sie enthält nebst den allgemeinen Angaben zum Werk und einer kurzen Inhaltsangabe eine Analyse von literarischen Elementen (Aufbau, Sprache, Stil, Erzählperspektive, Kernthema u.a.). Allenfalls können auch aussertextliche Aspekte wie biografische Angaben, der gesellschaftliche Kontext, die Wirkungsgeschichte u.a. miteinbezogen werden.

Gegenstände von Interpretation können sein: literarische Kleinformen wie Märchen, Fabeln, Parabeln, Kurzgeschichten; lyrische Formen wie Gedichte, Balladen, Liedtexte; epische Grossformen wie Novellen und Romane. Voraussetzung für eine fundierte und kohärente Interpretation ist ein genaues, kritisches und reflektierendes Lesen des Originaltextes; eventuell ist auch die Konsultation von Sekundärliteratur nötig. Bei der eigenen Stellungnahme zum Werk gelten die Grundregeln der Erörterung.

Hauptmerkmale der Interpretation

> Die Interpretation umfasst primär textimmanente Elemente wie Textsorte, Form, Inhalt, Aufbau, Themen, Sprache/Stil, Erzählperspektive u.a. Zusätzlich können auch textexterne Aspekte wie Biografie des Autors/der Autorin, historische, politische und gesellschaftliche Hintergründe, Wirkungsgeschichte u.a. beleuchtet werden.
> Subjektive Aussagen und Deutungen werden mit wörtlichen Zitaten aus dem Original belegt.
> Persönliche Meinungen werden immer begründet.
> Der Text ist klar strukturiert (siehe unter Aufbau).

Aufbau

Einleitung	> Originaltitel	*In der Einleitung sind*
	> Textsorte/Form (Kurzgeschichte, Satire, Gedicht …)	*auch stichwortartige*
	> Umfang (Seitenzahl, Zeilen bzw. Strophen)	*Angaben möglich.*
	> Vorname/Name des Autors/der Autorin; Lebensdaten	
	> Entstehungszeit (sofern bekannt)	*Objektiver Schreibstil*
Hauptteil	> Aufbau/Gliederung	*Im Hauptteil primär*
	> Erzählperspektive	*vollständige Sätze*
	> Inhalt: Zeit, Ort, Handlung, Personen	*verwenden.*
	> Sprache/Stil: Besonderheiten, Schlüsselwörter, Schlüsselsätze, typische sprachliche Elemente u. a.	
	> Kernthema und Kernaussage	*Die Reihenfolge gilt als Vorschlag.*
	> Hintergründe: historisch, politisch, sozial	
	> Evtl. Wirkungsgeschichte	*Objektiver Schreibstil*
Schlussteil	> persönliche Bewertung des Werks	*Wechsel in den sub-*
	> eigene Stellungnahme	*jektiven Schreibstil*

Sprachliche Gestaltung

> Den Text in eigener Sprache abfassen (also nicht einfach den Originaltext zusammenkürzen bzw. paraphrasieren)
> wörtliche Zitate aus dem Original in Anführungs- und Schlusszeichen setzen
> Zeitform: Präsens
> neutrale Formulierungen; Wechsel zum subjektiven Schreibstil erst im Schlussteil

«San Salvador» von Peter Bichsel

Die Erzählung «San Salvador» des 1935 geborenen Schweizer Autors Peter Bichsel ist 1964 im Sammelband «Eigentlich möchte Frau Blum den Milchmann kennenlernen» erschienen. Es handelt sich dabei um eine Kurzgeschichte.

Peter Bichsel schildert aus einer neutralen Erzählperspektive eine Alltagsszene im Zeitraum von rund einer Stunde aus dem Leben von Paul. Dieser sitzt abends alleine zu Hause. Seine Frau Hildegard ist in der Probe des Kirchenchors, die Kinder sind im Bett. Während er auf seine Frau wartet, probiert er eine neue Füllfeder aus. Unter anderem schreibt er auf ein Blatt, dass es ihm hier zu kalt sei, er gehe nach Südamerika. Dabei stellt er sich vor, wie seine Frau auf diese Mitteilung reagieren würde. Als Hildegard um halb zehn nach Hause kommt, sitzt Paul immer noch da.

Die bloss rund zwanzig Sätze umfassende Erzählung beinhaltet formal die Elemente einer typischen Kurzgeschichte: unmittelbarer Beginn und offener Schluss, Höhe- bzw. Wendepunkt. Auch sprachlich lassen sich charakteristische Merkmale einer Kurzgeschichte feststellen, so zum Beispiel die sehr knappe, oft nur andeutende Ausdrucksweise und die realitätsnahe, zu den Personen passende Alltagssprache. Ebenso orientieren sich Thema und Intention an den Merkmalen einer Kurzgeschichte: Die Darstellung eines kurzen Ausschnitts aus dem Leben eines Menschen soll die Leser zum kritischen Nachdenken anregen.

Nebst den Handlungen (Kinoinserat lesen, Zettel zerreissen, Radio an- und abdrehen) unterstützt die sprachliche Textgestaltung die Stimmung und Gefühlslage von Paul (Langeweile, Antriebslosigkeit, Sehnsucht nach einem spannenderen Leben). Beispielsweise wird im zweiten Satz das gleichmässige, ziemlich eintönige Leben der Hauptfigur durch die Wiederholung des Adverbs «dann» unterstrichen. Auch die Gestaltung des Satzbaus wird zur Unterstützung der etwas angespannten und schwankenden Stimmungslage eingesetzt. So beginnt die Erzählung mit einem kurzen, einfachen Aussagesatz («Er hatte sich eine Füllfeder gekauft.»), geht dann weiter mit längeren Kombinationen von Haupt- und Nebensätzen, dazwischen ganz kurze Sätze und Ellipsen («Zu all dem Musik aus dem Radio.»); am Schluss steht wiederum ein kurzer Satz («Schlafen die Kinder?»).

Auffallend ist die Wiederholung der Aussage «Dann sass er da». Wie ein roter Faden zieht sich dieser Satz in Variationen durch den Text und unterstreicht dadurch das Statische, die Blockade, aber auch die Orientierungslosigkeit und Ziellosigkeit von Paul. Dass er nicht weiss, was und wohin er will, zeigt sich zudem im Titel: «San Salvador». Die Hauptstadt von El Salvador liegt in Mittelamerika. Paul schreibt jedoch auf einen Zettel «ich gehe nach Südamerika». Zudem heisst San Salvador aus dem Spanischen übersetzt «Heiliger Retter». Paul erhofft sich also die Rettung aus seinem tristen, (gefühls-) kalten Alltagsleben («Mir ist es hier zu kalt») durch die Auswanderung beziehungsweise Flucht in ein Land voller Wärme, Freiheit und Exotik («dachte an Palmen»). Der Wunsch nach Veränderungen, gar die Sehnsucht nach einem Neubeginn zeigt sich auch darin, dass er eine Füllfeder gekauft hat, mit der er nun versucht, seine Träume niederzuschreiben. Die Füllfeder ist auch ein Symbol für Kommunikation. Diese gelingt ihm jedoch nicht, weder als innerer Monolog mit sich selber noch mit seiner Frau. Der letzte Satz der Geschichte, Hildegards Frage: «Schlafen die Kinder?», holt Paul mit einem Schlag aus seinen Träumereien in die Wirklichkeit des Alltagslebens zurück.

Meiner Meinung nach ist es Peter Bichsel mit dieser Kurzgeschichte hervorragend gelungen, einen Moment einer bestimmten Lebenssituation wiederzugeben – vergleichbar mit einer Fotografie. Sehr beeindruckend ist, wie er mit einer konsequenten sprachlichen und inhaltlichen Reduktion auf das Wesentliche Personen, Situationen, Handlungen und auch Gefühlslagen darstellt. Und mit dem offenen Schluss gibt Bichsel den Leserinnen und Lesern die Möglichkeit, die Gedanken zur Situation von Paul und Hildegard nachklingen zu lassen und darüber hinaus über das eigene Leben nachzudenken.

Originaltext der Kurzgeschichte siehe Seite 100.

Das Gesuch

Gesuche sind Bittschriften und müssen dementsprechend abgefasst sein; man bittet um Erlaubnis für etwas, was einem nicht automatisch zusteht. Der Erfolg hängt dabei nicht nur von einer überzeugenden, sachlich formulierten Argumentation ab, sondern auch von der Art und Weise, wie das Anliegen vorgebracht wird. Form, Stil, Ton und Sprache spielen also eine wichtige Rolle. Formal orientiert sich dieses Schriftstück an den Regeln und Normen des modernen Schriftverkehrs. Daher ist für dieses Thema die Konsultation eines aktuellen Korrespondenz-Lehrmittels zu empfehlen.*

Hauptmerkmale

> sachliche Darstellung des Anliegens
> überzeugende Argumentation (siehe dazu auch die Kapitel zur Erörterung)
> genaue und korrekte Angaben zum Sachverhalt
> formale Gestaltung gemäss den Regeln der modernen Geschäftskorrespondenz
> im Ton klar, bestimmt, sachlich – trotzdem höflich

Aufbau und Inhalt

Briefkopf	Briefkopf: Vorname, Name, vollstäncige Adresse, Telefon-Nr.	*evtl. auch E-Mail-Adresse*
Datum	Tag / Monat / Jahr	*Monat ausschreiben*
Adressat	vollständige Adresse	*Sofern bekannt: Herr / Frau Vorname, Name*
Brieftitel	Gesuch (evtl. mit Untertitel)	
Anrede	Sehr geehrte Frau (Nachname) Sehr geehrter Herr (Nachname) Sehr geehrte Damen und Herren	*«Sehr geehrte Damen und Herren» nur, wenn der Adressat nicht namentlich bekannt ist.*
Hauptteil	1. Sachverhalt, Ausgangslage 2. Argumente 3. Dank für die Prüfung des Gesuchs 4. Bitte um Genehmigung	*klipp und klar, max. 5 Sätze 2 – 4 gute Argumente*
Grussformel	Mit freundlichen Grüssen	*Oder: Freundliche Grüsse*
Unterschrift **Name**		*Unterschrift zwischen Gruss-formel und Namen*
Beilagen	– Beilage 1 – Beilage 2	*Das Wort «Beilagen» ist nicht nötig.*

Sprachliche Gestaltung

> sachliche, klare Ausdrucksweise
> kurze, einfache Sätze
> Zeitformen: grundsätzlich Präsens, Wechsel der Zeitform wenn nötig
> Verbalstil satt Nominalstil und aktive statt passive Formen
> keine unnötigen Konjunktivformen (würde, könnte, hätte …)
> keine Floskeln und Phrasen
> Ich- bzw. Wir-Formen

*Zum Beispiel: Korrespondenz. Die Grundlagen. h.e.p Verlag 2005.

Peter Muster
Kornfeldstrasse 3
9320 Arbon
071 446 78 22

Nahrungsmittel AG
Geschäftsleitung
Industriestrasse 12
9220 Bischofszell

10. März 2007

**Gesuch
Urlaub September und Oktober 2007**

Sehr geehrte Damen und Herren

Wie Sie wissen, darf ich im kommenden September meinen 40. Geburtstag feiern. Als Geschenk möchte ich mir einen lang gehegten Wunsch erfüllen: eine 2-monatige Reise durch Südamerika zusammen mit meiner Familie, Zeitraum September/Oktober 2007. Damit ich dieses Vorhaben realisieren kann, bin ich auf Ihre Bewilligung für einen unbezahlten 4-wöchigen Urlaub sowie auf die Zustimmung zu einer 5-wöchigen Abwesenheit im Rahmen des ordentlichen Ferienbudgets angewiesen. Daher richte ich dieses Gesuch mit folgender Begründung an Sie:

- Im September ist eine Stellvertretung wegen des etwas geringeren Arbeitsvolumens am einfachsten zu lösen. Hinzu kommt, dass in diesem Monat erfahrungsgemäss kaum jemand abwesend ist.
- Mein Kollege Erwin Stocker hat sich bereit erklärt, die Stellvertretung während meiner ganzen Abwesenheit, also im September und Oktober, zu übernehmen.
- Ich arbeite seit bald 18 Jahren bei der Bischofszell Nahrungsmittel AG und war bis anhin weder ferien-, noch krankheitshalber länger als 2 Wochen abwesend.
- Die Reise durch Südamerika zusammen mit meiner Familie dient sowohl der Erholung als auch der Weiterbildung. In diesem Sinne hat der Urlaub sicher auch einen «Mehrwert» für meine Arbeit im Betrieb.

Ich danke Ihnen für die Prüfung meines Gesuchs und hoffe auf eine zustimmende Antwort. Sie würden damit mir, meiner Frau und unseren beiden Kindern eine grosse Freude bereiten.

Für die Konkretisierung der Reiseplanung ist es von Vorteil, wenn Sie mir Ihre Antwort bis Ende März mitteilen. Besten Dank.

Mit freundlichen Grüssen

Peter Muster

– Prov. Reiseplan mit Daten
– Zustimmung für eine allfällige Stellvertretung, Erwin Stocker

Die Stellenbewerbung

Der Bewerbungsbrief ist der wichtigste Teil des Bewerbungsdossiers (siehe dazu das Kapitel *Beiblatt zum Bewerbungsschreiben,* Seite 32). Personalverantwortliche, auf deren Pult oft Dutzende von Bewerbungen für eine einzige Stelle landen, lesen meistens zuerst das Bewerbungsschreiben und nehmen danach eine erste Selektion vor: «Bewerbung weiter verfolgen» bzw. «Kommt nicht in Betracht». Ziel eines jeden Bewerbungsbriefes ist, das Interesse zu wecken und damit eine Einladung an ein Vorstellungsgespräch zu erwirken. Da dieses Schriftstück mitentscheidend für die berufliche Karriere sein kann, ist auf Inhalt, Form und Sprache grösster Wert zu legen.

Darauf ist besonders zu achten

> Inhalt: konkret auf die Stelle bezogen
> Stil und Ton: selbstbewusst und klar; positiv, sachlich, persönlich
> Gestaltung: übersichtlich, dezent, ruhig
> Form: nach den Regeln der modernen Geschäftskorrespondenz*
> Umfang: maximal eine A4-Seite (Schriftgrösse 11 oder 10 Punkt)

Aufbau und Inhalt

Briefkopf	Briefkopf: Vorname, Name, vollständige Adresse, Telefon-Nr.	*evtl. auch E-Mail-Adresse*
Datum	Tag / Monat / Jahr	*Monat ausschreiben*
Adressat	Firma, vollständige Adresse	*Wenn bekannt: Herr / Frau Vorname, Name*
Brieftitel	Bewerbung / Stelle als …	*korrekte Bezeichnung gemäss Ausschreibung*
Anrede	Sehr geehrte Frau (Nachname) Sehr geehrter Herr (Nachname) Sehr geehrte Damen und Herren	*«Sehr geehrte Damen und Herren»: Wenn der Adressat nicht namentlich bekannt ist.*
Hauptteil	1. Bezug auf die Stellenausschreibung 2. Angaben zur Ausbildung und zur aktuellen Berufssituation 3. Motive für den Wechsel / die Bewerbung 4. Stärken, Qualifikationen und Erfahrung 5. evtl. Zukunftspläne	*z. B. Inserat vom … in … kurze Zusammenfassung persönlich und konkret sachlich, selbstbewusst z. B. Weiterbildung*
Schluss	Dank für die Prüfung der Unterlagen Freude auf ein allfälliges Vorstellungsgespräch	*keine Floskeln keine «würde»-Sätze*
Grussformel	Mit freundlichen Grüssen	*Oder: Freundliche Grüsse*
Unterschrift **Name**		*Unterschrift zwischen Grussformel und Namen*
Beilagen	– Personalienblatt / Lebenslauf / Beiblatt mit Foto – Abschlusszeugnisse / Diplome / Ausweise … – Arbeitszeugnisse	*Das Wort «Beilagen» ist nicht nötig. Tipp: Nicht zu viele Unterlagen beilegen!*

Sprachliche Gestaltung

> kurze, einfache Sätze
> Zeitformen: grundsätzlich Präsens, Wechsel wenn nötig zu Präteritum bzw. Perfekt
> Verbalstil statt Nominalstil und aktive statt passive Formen
> keine Fehler: Rechtschreibung, Zeichensetzung, Fälle, Satzbau u. a.
> keine Konjunktivformen (würde, könnte, hätte …)
> keine Floskeln und Phrasen

*Siehe dazu auch: Korrespondenz. Die Grundlagen. h.e.p. verlag 2005.

Petra Muster
Seefeldstrasse 110
6300 Zug
041 766 90 27

HEV Schweiz
Herr Albert Gross
Mühlebachstrasse 60
8032 Zürich

30. Oktober 2006

Bewerbung
Mitarbeiterin PR und Medien, Projektarbeiten

Sehr geehrter Herr Gross

Sie suchen eine Mitarbeiterin bzw. einen Mitarbeiter für die Bereiche Public Relation, Medien und Projektarbeiten. Wenn ich das im Stelleninserat (NZZexecutive vom 23./24. 9. 2006) definierte Anforderungsprofil mit meinen Qualifikationen, meiner Ausbildung und Berufs- erfahrung vergleiche, denke ich, dass ich Ihre hohen Erwartungen erfüllen kann.

Mein beruflicher Werdegang in Kürze: Kaufmännische Lehre mit Berufsmaturität bei der UBS in Luzern. Anschliessend zwei Jahre Tätigkeit bei derselben Bank – diverse Abtei- lungen, unter anderem auch im Hypothekenbereich. Studium an der Fachhochschule Wirt- schaft in Olten. Seit 1999 bei der Immobilienfirma Remax in Zug, von 2001 bis heute Leiterin des Bereichs «Marketing und Kommunikation». Berufsbegleitende Weiterbildung in Marke- ting, PR und Journalismus.

Im Alter von 31 Jahren suche ich nun eine neue Herausforderung, bei der ich die bisherigen beruflichen Erfahrungen im Banken- und Immobilienwesen, mein grundsätzliches Interesse an politischen und wirtschaftlichen Fragen sowie die Qualifikationen im Bereich Public Relation miteinander verbinden kann. Hinzu kommt, dass mir die Vielfalt der Aufgaben beim HEV sehr entgegenkommt und ich gerne eigenständig, oder nach Bedarf in kleinen Teams, Projekte plane und realisiere.

Die beigelegten Unterlagen geben Ihnen weitere Auskünfte über meinen beruflichen Werde- gang, über Berufserfahrung, Weiterbildung und Zusatzqualifikationen.

Ich danke Ihnen für die Prüfung des Dossiers und freue mich auf ein Vorstellungsgespräch.

Freundliche Grüsse

Petra Muster

– Beiblatt mit Referenzen
– Zeugnisse/Abschlüsse
– Arbeitszeugnisse

Werbetexte

Ob dezent, direkt, marktschreierisch oder gar aggressiv – Werbetexte haben immer nur ein Ziel: Die Lesenden sollen dazu gebracht werden, ein Produkt zu kaufen bzw. eine Dienstleistung in Anspruch zu nehmen. Sie sind nie Selbstzweck oder einfach «l'art pour l'art». Die appellative Funktion steht im Vordergrund. In diesem Sinne sind Werbetexte Marketinginstrumente mit einer klaren Intention – sie müssen etwas bewegen und bewirken. Der beste Werbespruch nützt nichts, wenn er bei der Zielgruppe kein Kaufverhalten auslöst. Bezogen auf die sprachliche Gestaltung bedeutet dies, dass nur ein einziges Kriterium gilt: Die Botschaft muss beim Zielpublikum ankommen, positive Gefühle wecken und damit ein Kaufverhalten auslösen. (Formen: Inseratewerbung, Werbebriefe, Flyer, Werbebroschüren u. a.)

Hauptmerkmale von Werbetexten

> Produkt, Zielpublikum und Sprache sind aufeinander abgestimmt (Textdesign).
> Text, Bild, Farbe, Grafik und andere gestalterische Elemente bilden eine Einheit.
> Inhaltlich, sprachlich und gestalterisch kreative Elemente machen die Werbung attraktiv.
> Gute Werbetexte lösen Bedürfnisse, Wünsche und Emotionen aus.
> Ein erfolgreicher Werbetext erfüllt folgende drei «A-Funktionen»:
  – Aufmerksamkeitsfunktion
  – Anreiz- oder Ansprechfunktion
  – Aktivierungsfunktion

Der Aufbau nach der AIDA-Formel

A	Attention	Die Aufmerksamkeit auf sich ziehen – mit Bild, Grafik, Farbe und Text (auch leichte Provokationen sind erlaubt)
I	Interest	Das Interesse für das Produkt, die Dienstleistung wecken
D	Desire	Bedürfnisse, Wünsche, Emotionen wecken bzw. auslösen
A	Action	Aktionen auslösen: Kauf eines Produkts, Bestellung von Unterlagen, Besuch eines Anlasses, Probefahrten usw.

Sprachliche Gestaltung

> direkte, klare und dem Zielpublikum angepasste Sprache
> kurze Sätze, zum Teil nur Satzellipsen oder Einzelwörter
> Aussagesätze, Aufforderungssätze, Fragesätze
> gezielte Verwendung von Satzzeichen (Ausrufezeichen, Bindestriche, Doppelpunkt u. a.)
> aussagekräftige, emotionale Wortwahl (v. a. Adjektive, aber auch Nomen und Verben)
> regelmässiger Rhythmus (ruhig, mittel, schnell) oder auch bewusster Rhythmuswechsel
> kreativer Sprachgebrauch im Sinne von Neuerfindungen («Do you speak Orange?»)
> bewusster Gebrauch von Fach- und Fremdwörtern (Fonds, Lifestyle, SportCombi u. a.)
> Verwendung von Stilmitteln wie
  Vergleichen: Ferien wie im Paradies, kraftvoll wie ein Löwe, weiss wie Schnee u. a.
  Sprachbildern / Metaphern: die Sonnenseite des Lebens, die weisse Pracht, das tiefe Blau u. a.
  Wiederholungen (vor allem von Firmen- und Produktenamen)
  Übertreibungen / Superlativen: der schönste Ort, die perfekte Versicherung, die beste Wahl u. a.
  Alliterationen (Wiederholung von bestimmten Lauten): «Milch macht müde Männer munter.»
  Wortspielereien mit Doppelsinn: «C&A zieht alli a» / «Sie fahren mit Abstand am besten!»

Bahnerlebnis Winter

Eine Wintersonnenlandschaft in Blau und Weiss: eingefrorene Wasserfälle an der steilen Felswand, schneebedeckte Wälder entlang der Reiseroute, glitzerndes Weiss auf den Feldern und Eiskristalle an den Fenstern. Überall herrliche Ausblicke in die winterliche Ruhe.

Gerade in dieser kalten Jahreszeit werden die Fahrten in unseren Expresszügen zu winterweissen Märchenfahrten. Die Bündner Bergwelt zeigt sich in einem neuen Kleid und die Top-Destinationen warten mit vielen Attraktivitäten auf.

Für Bündner Feriengeniesser empfehlen wir besonders den Winter-Ferienpass für 7 Tage. Damit kombinieren Sie unsere Angebote mit Bahn, Bus und Bergbahnen zum Spartarif. Seit Jahren schätzen Skisportbegeisterte das «1-Franken-Vergnügen»: Die Tageskarte plus 1 Franken und die Rhätische Bahn bringt Sie bis zur Talstation.

Der kurvenreichste Kufenspass beginnt in Preda und endet nach 5 km und 400 Höhenmetern in Bergün, wo die rote Bahn die Schlittelabenteurer wieder aufnimmt und in warmen Wagen zum Ausgangsziel fährt. Ein Abenteuer für Verliebte, Vereine, Gruppen und Familien.

Quelle: Werbebroschüre «Steinbock-starke Bahnerlebnisse 2006». Rhätische Bahn, Chur.

Kommentar

Inhalt: Idylle, märchenhafte Winterlandschaft, Ruhe. Farben Weiss (Reinheit) und Blau (Harmonie)
Sprache: kreative Wortkombination (Wintersonnenlandschaft); nur Satzellipsen, keine Verben, dafür einprägsame Adjektive; Metapher («glitzerndes Weiss» für Schnee)

Inhalt: Fahrt mit Expresszügen, Attraktivitäten (> Interesse wecken)
Sprache: kreative Wortkombination mit einer Alliteration (**w**inter**w**eissen); Superlativ (Top-Destinationen); Sprachbild (in einem neuen Kleid)

Inhalt: Ferien geniessen, Geld sparen, profitieren können (> Wünsche/Bedürfnisse auslösen)
Sprache: direkte Anrede (Sie); neue Wortschöpfung (1-Franken-Vergnügen)

Inhalt: konkretes Angebot Schlittelfahrt (> Aktion auslösen, Schlittelfahrt buchen)
Sprache: Superlativ/Übertreibung (kurvenreichste); Alliterationen (**ku**rvenreichste **Ku**fenspass, in **war**men **Wa**gen, **Ver**liebte, **Ver**eine)

Wörter, die Emotionen wecken: glitzerndes Weiss, herrliche Ausblicke, winterliche Ruhe, Märchenfahrten, Kufenspass, Abenteuer für Verliebte …

Zwei weitere Beispiele

Bilanz by Saab

Bei dieser Bilanz gibt es für Sie nur Aktiven. Mit den Sondermodellen Erik Carlsson fahren Sie ein besonders sportliches Auto zu einem sehr attraktiven Preis: Der SportCombi und die Sport Limousine werden von 195 Turbo-PS und wuchtigen 310 Nm angetrieben und vom hochpräzisen Sportfahrwerk mit 17"-Leichtmetallrädern exakt auf Kurs gehalten. Beim Blick ins dynamische Cockpit wird klar, dass Sie wie der legendäre Rallye-Pilot Erik Carlsson Ihre Ziele gerne etwas schneller erreichen. Und unter dem Strich bleibt Ihnen ein Preisvorteil von bis zu CHF 5690.–. Lust auf eine Probefahrt? Vereinbaren Sie einen Termin mit Ihrem Saab Händler. Tel. 0800 800 330 oder unter www.saab.ch. *Move your mind!*

Inspiration der Savanne:
die aktuelle Wintermode von Paul & Shark

Unermessliche Weite, auffrischende Winde, sandige Erdtöne, charakteristische Steppenvegetation haben die aktuelle Herbst-/Winterkollektion von Paul & Shark inspiriert. Doch nicht nur auf abenteuerlichen Safaris ist man mit Paul & Shark trend- und wettergerecht ausgerüstet, auch hierzulande ist die italienische Premium-Marke in der kommenden Jahreszeit erste Wahl für modebewusste Outdoor-Fans. Denn kaum ein anderes Modelabel bringt diesen besonderen, sportlich-eleganten Lifestyle in derartiger Perfektion zum Ausdruck wie Paul & Shark. Stellen Sie sich auf einen kompromisslos modischen Winter ein – jetzt bei Paul & Shark, Bahnhofstrasse 31.

Der Tätigkeitsbericht

In einem Tätigkeitsbericht (auch Arbeitsbericht) wird sachlich über einen bestimmten Auftrag, ein Projekt, eine Arbeit u. Ä. in der Schule, im Beruf oder in einem Verein berichtet. Persönliche Meinungen und Eindrücke können einfliessen, stehen jedoch nicht im Vordergrund. Ein Arbeitsbericht kann in der Ich- oder Wir-Form oder auch aus einer neutralen Perspektive abgefasst werden.

Hauptmerkmale

> Inhalt: Darstellung der Arbeitsabläufe mit genauen Fakten, Daten, Namen
> Gliederung: chronologischer Aufbau
> Formale Elemente: Berichten und Beschreiben
> Die W-Fragen werden beantwortet (Was? Wer? Wann? Wo? Wie? Wieviel? Weshalb? …).

Aufbau

> Gliederung mit Haupttitel, Zwischentiteln
> Gliederungsmöglichkeit:
  Titel (evtl. Untertitel)
  1. Ausgangslage
  2. Rahmenbedingungen
  3. Arbeitsschritte (Chronologische Schilderung der Tätigkeiten;
     mit Daten – evtl. auch Zeiten – und Namen)
  4. Schlussbemerkung

  Datum und Namen der Verfasser

Sprachliche Gestaltung

> Präzise, differenzierte Wortwahl
> einfache, kurze Sätze
> keine direkte Rede
> Zeitformen: Vergangenheitsformen (Präteritum, Plusquamperfekt, evtl. Perfekt)
> Ich- bzw. Wir-Formen und/oder neutrale Formulierungen

Tätigkeitsbericht
Reise der Klasse 2d, E-Profil, KV Bildungszentrum Luzern

Ausgangslage

Am 11. Januar 2007 stellte uns Herr Klausmann, unser Lehrer für Wirtschaft & Gesellschaft sowie für fächerübergreifende Projekte, das Thema «Projektmanagement konkret» vor. Nach einer theoretischen Einführung ging es gleich an die praktische Umsetzung in Form von diversen Projektaufträgen, die von uns Lehrlingen in Teams von drei bis max. fünf Personen selbstständig realisiert werden mussten. Nach einer kurzen Diskussion innerhalb der Klasse konnten die Arbeiten verteilt werden. Unser Team mit Maria Santini, Eveline Iffiger und Carlos Nogara entschied sich für den Auftrag «Tagesausflug der Klasse 2d».

Rahmenbedingungen

Auf dem Beschrieb des Auftrags waren folgende Rahmenbedingungen gegeben:
> max. ein ganzer Schultag, Donnerstag
> Zeitraum März / April 2007
> Eigenfinanzierung, max. CHF 50.–/Person
> Das Programm muss einen Bezug zur Ausbildung haben

Arbeitsschritte

In der ersten Sitzung vom Donnerstag, 18. Januar (18.00–19.00 Uhr) sammelten wir mit einem Brainstorming ein paar Ideen. Wir konnten uns relativ rasch auf einen Ausflug in die Hauptstadt Bern einigen und fanden auch bereits ein Motto: «Politik, Kultur und Sport». An der gleichen Sitzung verteilten wir auch die verschiedenen Aufgaben: Leitung des Teams und Kommunikation: Maria; Finanzen und Reise: Eveline; Programm in Bern: Carlos. Aufgabe für das nächste Treffen war, Ideen für das Programm in Bern mitzubringen.

Am Treffen vom Donnerstag, 25. Januar (17.30–19.00 Uhr) ergab sich nach längerer Diskussion das folgende provisorische Programm: Reise mit der SBB von Luzern nach Bern, Fussmarsch zum Bundeshaus, Besuch von Nationalrat und Ständerat, evtl. Diskussion mit ein paar Parlamentariern, Stadtführung, am Nachmittag Besuch des Stade de Suisse, Rückfahrt nach Luzern. Aufgaben für die nächste Sitzung waren: prov. Budget und Reiseplan erstellen (Eveline), Besuch im Bundeshaus abklären (Maria), Stadtführung und Besuch im Stade de Suisse abklären (Carlos).

Die Sitzung vom Samstag, 3. Februar (10.00–12.00 Uhr) stand ganz im Zeichen der konkreten Organisation und des Budgets (Reise und Führungen). Da die Frühjahrssession im Zeitraum 5. März bis 23. März stattfindet, musste der Ausflug auf Donnerstag, 15. März festgelegt werden. Und weil man ins Bundeshaus nur mit einem Nationalrat oder Ständerat kommt, haben wir abgemacht, wen wir in welcher Reihenfolge anfragen wollen: 1. Otto Ineichen, FDP; 2. Hans Widmer, SP; 3. Josef Leu, CVP. Maria übernahm die Aufgabe, die drei Herren anzufragen.

An der 4. Sitzung vom Donnerstag, 15. Februar (17.30–19.00 Uhr) orientierte Maria uns darüber, dass Nationalrat Otto Ineichen zugesagt habe, und so konnten wir bereits das definitive Programm mit dem genauen Zeitplan zusammenstellen (siehe Beilage 1). Auch das Budget lag vor (siehe Beilage 2). Nun ging es um die Detailplanung: Orientierung der Klasse am 22. Februar, Geld einziehen, Reise buchen, Programm in Bern, Pressebericht mit Foto über den Ausflug (siehe Beilage 3).

Schlussbemerkung

Wir haben das Gefühl, bei diesem Projekt «Projektmanagement konkret» sehr viel gelernt und wertvolle Erfahrungen gemacht zu haben. Dienlich waren die klaren Rahmenvorgaben, unsere regelmässigen Sitzungen, die gute Verteilung der Arbeiten sowie die hohe Motivation und die zuverlässige Zusammenarbeit in unserem Team. Insgesamt sind wir sehr zufrieden mit der Vorbereitung und auch mit dem Ausflug vom 15. März. Die kleinen Pannen in Bern waren für ein nächstes Projekt sehr lehrreich.

30. März 2007
Maria Santini, Eveline Iffiger, Carlos Nogara

Die Zeitungsmeldung

Eine Zeitungsmeldung ist ein kurzer, sachlicher Bericht über ein aktuelles, interessantes Ereignis und beantwortet in einer einfachen, nüchternen Sprache möglichst viele W-Fragen. Die Nachricht vermittelt reine Fakten und ist frei von einer persönlichen Meinung und von subjektiven Eindrücken. Formal ist diese weitverbreitete journalistische Form klaren Regeln unterworfen. Anwendung: Regeln und die Grundstruktur können auch für längere Berichte übernommen werden, z. B. für Meldungen über Vereinsanlässe, Sportanlässe, kulturelle, schulische, politische oder kirchliche Veranstaltungen u. a. Soll der Bericht mit einem Foto erscheinen, muss der Text eine Bildlegende enthalten. Die Legende beantwortet in einem kurzen Satz oder stichwortartig die wichtigsten W-Fragen (Wer? Was? Wo? Wann?).

Hauptmerkmale

> objektive und präzise Wiedergabe der Realität
> genaue Fakten, Daten, Namen
> Pyramidenaufbau im Lead-System: Das Wichtigste steht am Anfang.
> Die drei Teile Titel, Lead, Hauptteil sind so aufgebaut, dass sie unabhängig voneinander verständlich sind und je für sich eine Einheit bilden.
> Motto: «So knapp wie möglich, so ausführlich wie nötig.»

Pyramidenaufbau im Lead-System (engl. lead: Spitzenstellung)

Titel
So genannte Headline
Beantwortet die Frage:
Was ist geschehen?

Lead
Einleitung
Beantwortet die Fragen: Was geschah? Wer war beteiligt?
Wo, wann, wie und weshalb passierte es?

Hauptteil
Chronologische Darstellung der Ereignisse
Dieser Abschnitt beantwortet alle W-Fragen noch detaillierter.

Sprachliche Gestaltung

> treffende, präzise Wortwahl und korrekte Fachausdrücke
> wenige und nur neutrale Adjektive
> einfache, kurze Sätze
> indirekte Rede (wenn direkte Rede, dann als Zitat)
> Zeitform: alle Handlungen im Präteritum
> neutrale Perspektive (der Berichterstatter steht ausserhalb des Geschehens)

Alpinist in den Tod gestürzt

Ein polnischer Alpinist ist am Dienstag im Berninagebiet in den Tod gestürzt. Er rutschte auf dem Fortezzagrat aus und stürzte 200 Meter in die Tiefe.

sda. – Der 22-jährige verunfallte Bergsteiger und sein Vater waren von der Diavolezza zur Marco-e-Rosa-Hütte unterwegs, als sie die Tour wegen schlechten Wetters abbrachen. Sie kehrten um und gingen über die Aufstiegsroute zurück nach Diavolezza, wie die Kantonspolizei Graubünden gestern mitteilte. Am Fortezzagrat stiegen sie ungeseilt ab. Plötzlich rutschte der Sohn auf der Neuschneedecke aus und stürzte in die Tiefe. Die Bergrettung fand den Verunfallten schwer verletzt und bewusstlos in einer Spalte des Morteratschgletschers. Der junge Mann starb trotz notfallmedizinischer Versorgung noch am Unfallort.

«Die Südostschweiz», 29.7.2005

Titel: Gibt Antwort auf die Frage
– Was ist passiert?
Lead: Gibt Antworten auf die Fragen
– Wer ist umgekommen?
– Wann und wo ist es passiert?
– Weshalb ist es passiert?
– Wie ist es passiert?
Hauptteil:
– Gibt die Quelle der Nachricht an.
  Hier sda (Schweizerische Depeschenagentur)
– Schildert in chronologischer Reihenfolge die genauen Umstände des Unglücks.
– Gibt Details zu den Personen, zu den Örtlichkeiten und zum Unfallhergang bekannt.
– «Plötzlich» wird hier als dramaturgisches Element eingesetzt.

Schluss:
– Informiert darüber, wo und unter welchen Umständen der Alpinist gestorben ist.

Neues Clubhaus bezogen

Am vergangenen Samstag konnte der Squash-Club Neuhausen sein neues Clubhaus mit einem Tag der offenen Tür einweihen. Die Umbauarbeiten wurden zu einem grossen Teil in Freiwilligenarbeit ausgeführt.

pe. – Am Samstag, 19. August war es endlich soweit. Nach mehr als einem Jahr Umbauarbeiten konnte das renovierte Clubhaus eingeweiht werden. Sie danke allen Freiwilligen für das grosse Engagement, sagte Präsidentin Regula Meier bei ihrer kurzen Ansprache. Vor zwei Jahren hatte die Vereinsführung die damals leerstehende Schreinerei zum ersten Mal besichtigt. Nachdem die Finanzierung des Projekts gesichert war, konnte ein Mietvertrag über 10 Jahre abgeschlossen werden. Damit begann eine rund halbjährige Planungs- und Vorbereitungsphase. Im Juni 2005 wurde dann der Umbau mit einem Aktionstag in Angriff genommen. «Ohne den grossartigen Einsatz der vielen Vereinsmitglieder und vor allem ohne die grosszügige Unterstützung durch Vereinsvizepräsident und Architekt Paul Sommerhalter hätte die Renovation nie in dieser Qualität und mit solch geringem finanziellem Aufwand erfolgen können», meinte die Präsidentin und überreichte Paul Sommerhalter als besonderen Dank einen Gutschein im Wert von 500 Franken für das Sportgeschäft «Top-Sport AG».

Bildlegende: Präsidentin Regula Meier dankt Paul Sommerhalter für seine wertvolle Unterstützung.

Die Reportage

Eine Reportage ist ein persönlich gefärbter Erlebnisbericht, der auf Tatsachen beruht, in diesem Sinne also eine Art «Augenzeugenbericht». Im Gegensatz zur Nachricht werden in einer Reportage bewusst Fakten mit eigenen Eindrücken und Empfindungen vermischt; der Text vermittelt beides: Informationen und Atmosphäre. Eine Reportage kann sowohl in der Ich- als auch in der Wir-Form verfasst werden.

Hauptmerkmale

> Inhalt: breite, farbige und spannende Darstellung von Erlebtem
> Als Grundlage dienen Tatsachen und Fakten.
> Das persönliche Engagement und die Betroffenheit kommen deutlich zum Ausdruck.
> Gliederung: chronologischer oder thematischer Aufbau
> In einer Reportage können gleichzeitig verschiedene Formen angewendet werden: Berichten, Erzählen, Beschreiben, Zitieren, Reflektieren u. a.

Aufbau

> Gliederung: Titel, Einleitung, Schluss
> eventuell mit Zwischentiteln
> chronologische Schilderung der Ereignisse mit verbindenden Überleitungen
> Möglich ist auch eine thematische Gliederung.
> Spannungsbogen über den ganzen Text und innerhalb der Abschnitte

Sprachliche Gestaltung

> lebendig, anschauliche Formulierungen
> treffende, vielfältige und differenzierte Wortwahl
> wertende Adjektive
> abwechslungsreicher, dynamischer Satzbau (Wechsel von kurzen und langen Sätzen)
> direkte Rede und indirekte Rede
> Zeitformen: Alle Zeitformen sind möglich. Das Präsens kann die Spannung erhöhen.
> Ich- bzw. Wir-Formen; möglich sind auch neutrale Formulierungen.

Die kühne Reise des Kingsley Kum

Dies ist die Geschichte eines jungen Mannes aus Kamerun, der sein Glück in Europa suchen wollte und dabei sein Leben riskierte.

26. Mai, Limbe, Kamerun – Ich kann nicht schlafen. Eben habe ich mich von meiner Familie verabschiedet. Mein Vater goss ein Glas Palmwein ein, gab mir einen Schluck, trank selbst davon und reichte das Glas meiner Mutter. Den Rest schüttete er auf die Schwelle. Ich überschritt sie. Die Tür zu meinem Elternhaus wird mir immer offenstehen.

31. Mai, Niger – Es war nicht schwer, Kamerun und Nigeria zu durchqueren. Mal habe ich den Bus genommen, mal den Zug. Doch hier, im Niger, gilt mein Pass nicht mehr: Von nun an bin ich illegal. Ich hocke auf einem vollgepackten Lastwagen, eingezwängt zwischen schwitzenden Reisenden. Die Sonne brennt. Das Land ist trocken und leer, niedrige Büsche, Steine, Sand. Wir fahren an Lehmhütten und Bretterbuden vorbei, in denen Essen verkauft wird. Wir kommen nur langsam voran. Mal halten wir, weil wir eine Reifenpanne haben, dann stoppen uns Polizisten, um Geld zu kassieren von denen, die keine Papiere haben. An einer Strassensperre vor Zinder verhaftet mich ein Offizier. Ich zittere vor Angst, ich flehe ihn an, mich laufen zu lassen, aber er lässt den Lastwagen ohne mich abfahren und nimmt mich mit in die Stadt. Erst in der Nähe des Polizeireviers verlangt er 20 000 CFA-Franc (30 Euro) Bestechungsgeld. Er hat mich nur festgenommen, um den Preis hochzutreiben. Das ist mir eine Lehre. Noch einmal lasse ich mich nicht hereinlegen.

1. bis 6. Juni, Agadez, Niger – In Agadez scheint der Boden zu glühen. Meine Lippen sind aufgerissen, ich habe Nasenbluten. Alle paar Minuten muss ich etwas trinken. (…) Zusammen mit einigen Kamerunern übernachte ich am Busbahnhof. Sie erzählen von der Wüste. Von bewaffneten Banditen, die dich so lange prügeln, bis sie dein Geld finden. Oder dir Medikamente geben, von denen du Durchfall bekommst, denn manche Passagiere verstecken ihr Geld im Hintern. (…)

6. bis 11. Juni, Sahara – Mein Rücken schmerzt vom endlosen Gerüttel. In einem fort haben wir Probleme – mit dem Motor, mit den Reifen. Der Fahrer rast, damit der Wagen nicht im Sand stecken bleibt, aber es nützt nichts, er frisst sich fest. Absteigen, schieben, aufsteigen, um einen Platz kämpfen, immer wieder. Einige Typen aus dem Niger drängeln die anderen dauernd beiseite. Rassisten. (…)

21. Juni, Algier – Algier ist eine grosse Stadt mit prachtvollen Gebäuden und dichtem Verkehr. So ähnlich stelle ich mir Europa vor. Ich bin stolz, dass ich Nordafrika durchquert habe, und rufe zu Hause an. Die Nachbarn holen meine Mutter ans Telefon. Es tut gut, ihre Stimme zu hören. (…)

26. September – Die Marokkaner bringen einen Bootsmotor mit. Er hat 17 PS. Wie sollen es 36 Männer damit über den Atlantik schaffen? Die Marokkaner sind herzlos. Sie geben dem Kapitän einen Kompass und erklären ihm, in welche Richtung er fahren soll. Alle haben Angst. Ausser mir und dem Kapitän kann niemand schwimmen. Manche sind noch nie im Meer gewesen. (…)

4. und 5. Oktober – (…) Als es dämmert, ist kein Land mehr zu sehen. Die meisten sind seekrank, es stinkt nach Erbrochenem. Einer hat sich in die Hose gemacht. Manche weinen, manche beten, einige sind starr vor Angst. (…) Ich bin durchnässt, weil ich die ganze Nacht Wasser geschöpft habe. Ich friere, meine Hände sind wund. Ich hatte erst Angst vor dem Kapitän, aber jetzt bin ich froh, dass er so streng ist, denn keiner darf aufspringen, weil sonst das Boot kentern würde. Einmal taucht vor uns ein Wal auf, sofort stellt der Kapitän den Motor ab. Dann begleiten uns Delfine. (…) Nach einer Stunde erreichen wir den Hafen von Fuerteventura. An Land erwarten uns Mitarbeiter des Roten Kreuzes. (…) Jeder von uns bekommt eine Tüte. Darin sind Socken, ein T-Shirt und ein roter Trainingsanzug. Später bekommen wir Tee und Kekse. Ich werfe meine alten Kleider weg und denke: Ich bin neugeboren. (…) Ich bin so müde. 15 Stunden habe ich Wasser geschöpft. Ich bete nur ganz kurz. Dann schlafe ich.

Auszüge aus der von Ariel Hauptmeier aufgezeichneten Reportage.
Der Text ist erschienen im Magazin SIE + ER, Nr. 39 vom 24. September 2006.

Die Inhaltsangabe

In einer Inhaltsangabe wird das Wichtigste eines Sachbuchs, eines literarischen Werks, eines Theaterstücks oder Films in knapper Form wiedergegeben. Jemand, der das Original nicht kennt, muss bei der Lektüre der Inhaltsangabe einen Überblick über Handlung, Personen, Zeit und Örtlichkeiten gewinnen. Eine besondere Form ist die Inhaltsangabe mit einer persönlichen Stellungnahme. Diese ist nur zu verfassen, wenn sie in der Aufgabenstellung ausdrücklich verlangt wird.

Hauptmerkmale der Inhaltsangabe

> knappe, korrekte Wiedergabe des Inhalts, ohne dass der Sinnzusammenhang verloren geht.
> Sachlichkeit, also Verzicht auf spannungs- und gefühlvolle Elemente
> keine persönliche Bewertung (ausser diese wird ausdrücklich verlangt)
> klar strukturierte Gliederung (siehe unter Aufbau)
> eigene Formulierungen

Aufbau

Einleitung	> Originaltitel des Buchs, Films, Theaterstücks … > Textsorte/Form (Roman, Hörspiel, Reportage, Komödie u. a.) > Umfang (Seitenzahl, Dauer) > Vorname/Name des Autors oder der Autorin; Lebensdaten > Entstehungszeit, sofern bekannt	In der Einleitung sind auch stichwortartige Angaben möglich.
Hauptteil	> Thema bzw. Themen > Zeit und Ort der Handlung > die wichtigsten Personen und deren Beziehungen > Angaben zur Handlung, knapp und chronologisch aufgebaut	Text ausschliesslich in ganzen Sätzen abfassen
Schlussteil	> evtl. Hinweis auf Absicht und Wirkungsgeschichte	Schlussteil ist nicht immer notwendig.
*persönliche Stellungnahme**	> *persönliche Ideen, Meinungen zum Thema* > *Bewertung von Inhalt, Form und Sprache*	*Wechsel in den subjektiven Schreibstil*

Sprachliche Gestaltung

> eigene Wortwahl, also nicht Sprache und Stil des Originals übernehmen
> einfache, kurze Sätze
> nur indirekte Rede
> Zeitform: Präsens
> neutrale Formulierungen
> subjektiver Schreibstil bei einer Stellungnahme

* Eine persönliche Stellungnahme ist nur zu verfassen, wenn dies in der Aufgabenstellung ausdrücklich verlangt wird.
 Beispiel: «Geben Sie den Inhalt des Romans kurz wieder und nehmen Sie anschliessend Stellung zu Inhalt und Form.»

Beispiel einer Inhaltsangabe ohne Stellungnahme:

Das Leben der Anderen

Der Kinofilm von Florian Henckel von Donnersmark (Regie und Drehbuch) kam im März 2006 in die Kinos. Der rund zweieinhalb Stunden dauernde Film spielt im Ostberlin des Jahres 1984, also rund fünf Jahre vor dem Fall der Mauer.

Der Stasi-Hauptmann Gerd Wiesler erhält den Auftrag, den bekannten Theaterschriftsteller Georg Dreymann und dessen Freundin, die Schauspielerin Christa-Maria Sieland, zu bespitzeln. Er ahnt anfänglich noch nicht, dass sich hinter diesem Auftrag eine Intrige des Kulturministers Bruno Hempf verbirgt. Hempf will Dreymann mit Hilfe der Stasi beseitigen, weil er hinter dessen Freundin her ist. Wieslers Vorgesetzter, Oberstleutnant Anton Grubnitz, wiederum erhofft sich von der Aktion einen Karriereschub. Wiesler, ein Meister der Überwachung und des Verhörs, bespitzelt die beiden vom Dachboden der völlig verwanzten Wohnung rund um die Uhr. Dadurch erhält er nicht nur Einblick ins Privatleben, sondern auch in die für ihn unbekannte Welt der Kunst und des offenen Geistes. Durch diesen Einblick in das Leben der anderen verändert sich nach und nach seine Einstellung zum DDR-System. Um Dreymann nicht zu gefährden, schreibt er bloss belanglose Details in seinen Überwachungsbericht. Nach dem Selbstmord eines befreundeten Regisseurs verfasst Dreymann einen Artikel über die hohe Selbstmordrate in der DDR. Der Text wird in den Westen geschmuggelt und erscheint anonym als Titelbericht im Magazin «Der Spiegel». Wiesler kennt den Autor, schützt ihn jedoch, indem er die Schreibmaschine, auf welcher der Artikel verfasst wurde, aus dem Versteck in Dreymanns Wohnung heimlich entfernt. Oberstleutnant Grubnitz ahnt, dass Wiesler Dreymann geschützt hat, und lässt ihn zur Briefüberwachung der Stasi degradieren.

Nach dem Mauerfall hat Georg Dreymann Einsicht in seine Stasi-Akten und findet dabei heraus, dass er systematisch überwacht wurde und ihn der Stasi-Mitarbeiter HGW XX/7 dabei gedeckt hat. Er macht diesen ausfindig und findet Gerd Wiesler eines Tages, wie er mit einem Handwagen durch die Strassen Berlins zieht und Werbeprospekte verteilt. Dreymann nimmt keinen Kontakt auf, widmet ihm jedoch seinen Roman «Die Sonate vom guten Menschen». Die Schlussszene zeigt, wie sich Wiesler das Buch in einem Buchladen kauft.

Beispiel einer Inhaltsangabe mit Stellungnahme:

Andorra

Inhalt: Drama in zwölf Bildern des Schweizer Autors Max Frisch (1911–1991). Das Theaterstück umfasst 120 Seiten. Es wurde 1961 am Schauspielhaus Zürich uraufgeführt. «Andorra» ist ein an Bertolt Brechts Dramaturgie des epischen Theaters angelehntes Lehrstück über einen Kleinstaat in einer bedrohlichen Zeit. Im Mittelpunkt steht der junge Andri. Er ist der uneheliche Sohn des Lehrers Can, der eine Liebesbeziehung mit einer Frau aus dem feindlichen Land der «Schwarzen» hatte. Aus Angst vor der gesellschaftlichen Ächtung durch seine Landsleute gibt Can seinen Sohn als jüdischen Flüchtling aus, den er angeblich vor den Feinden gerettet hat. Die Verleugnung des eigenen Kindes nimmt dramatische und bedrohliche Formen an, als sich Andri in Barblin verliebt, die Tochter von Can aus der jetzigen Ehe, also in seine Halbschwester. Gleichzeitig verbreitet sich das Gerücht, dass die «Schwarzen» schon bald in Andorra einmarschieren könnten. Can hält seine Lebenslüge aufrecht und die Andorraner stempeln den vermeintlichen Juden Andri immer mehr zum Sündenbock. Am Schluss wird er durch die Vorurteile der Andorraner in den Tod getrieben. Als die Schwarzen kommen, wird er als Jude ermordet.

Stellungnahme: Die geografischen und zeitlichen Bezüge sind eindeutig: Andorra ist meiner Meinung nach eine Metapher für die Schweiz im 2. Weltkrieg. Angst vor den Nazis, Vorurteile und mutlose Anpassung stehen als Themen im Vordergrund. Durch die breite Debatte um den Holocaust wissen wir heute, dass die Schweizer Bevölkerung durch grossen Einsatz, Mut und Solidarität Tausende von jüdischen Menschen vor der Ermordung durch Hitler-Deutschland gerettet hat. Weniger Mut bewies die offizielle Schweiz mit ihrer anpasserischen Politik. Die Wirtschaft, allen voran die Banken und Versicherungen, waren während der Schreckensherrschaft der Nazis primär am geschäftlichen Profit und weniger an den bedrohten Menschen interessiert. Solche Fehler kann man meiner Ansicht nach weder mit offiziellen Entschuldigungen noch mit Geld wiedergutmachen. Doch jedes Volk sollte aus der Geschichte lernen. In diesem Sinne können wir nur hoffen, dass das Theaterstück «Andorra» tatsächlich als Lehrstück wirken kann.

Die Beschreibung

Mit einer Beschreibung wird versucht, einen bestimmten Wirklichkeitsbereich – zum Beispiel eine Landschaft, ein Bild, eine Person, einen Gegenstand oder auch bestimmte Vorgänge und Abläufe – in sachlicher, detaillierter Weise sprachlich so zu reproduzieren, dass die Lesenden zu einer möglichst klaren und richtigen Vorstellung vom Beschriebenen kommen. Dabei ist besonders zu achten auf sachliche Korrektheit und Differenziertheit, Anschaulichkeit und eine klare Textstruktur.

Hauptmerkmale der Beschreibung

> sachliche Korrektheit und inhaltliche Differenziertheit
> Anschaulichkeit

> klar strukturierte Gliederung
> neutrale Beschreibung, meist ohne persönliche Wertung

Themen

Landschaften Gebäude Räume	> Zuerst den realen oder vorgestellten Betrachtungspunkt bestimmen > Textaufbau festlegen: Hintergrund > Bildmitte > Vordergrund, oder umgekehrt > genaue Angaben zu Farben, Formen, Gegenständen u. a. > vom Ganzen zu den Einzelteilen > neutrale Perspektive, Schluss evtl. mit subjektiver Färbung	*Beispiele: Flusslandschaft, Küstenstreifen, Siedlung, Kirche, Hochhaus, Ausstellungsraum, Konzertsaal, das eigene Büro usw.*
Gegenstände	> genaue Angaben über äussere Form, Grösse, Farbe, Material, Verwendungszweck, Funktion der Einzelteile, besondere Merkmale, Nützlichkeit > vom Ganzen zu den Einzelteilen > neutrale Perspektive, Schluss evtl. mit subjektiver Färbung	*Beispiele: meine Armbanduhr, mein Fahrrad, mein Bürostuhl, meine Agenda usw.*
Menschen Tiere Pflanzen	> Textaufbau vom Gesamteindruck und dem äusseren Erscheinungsbild zu den Details und evtl. auch zum Charakter > geordnete Reihenfolge: z. B. von oben nach unten (vom Kopf zu den Füssen), von den äusseren Merkmalen zu den inneren > neutrale Perspektive, doch subjektive Färbungen sind hier durchaus möglich.	*Beispiele: mein Vater, meine Mutter, meine beste Freundin, unser Hund, mein Pferd, mein Lieblingstier im Zoo usw.*
Bilder	> Angaben zur Biografie des Künstlers, zu Thema (Sujet), Entstehungszeit und Epoche > Textaufbau festlegen: Hintergrund > Bildmitte > Vordergrund, oder umgekehrt > genaue Angaben zu Farben, Formen, Technik, Material u. a. > vom Ganzen zu den Einzelteilen > neutrale Perspektive, Schluss evtl. mit subjektiver Färbung	*Beispiele: Kunstbilder, Fotos, Zeichnungen usw.*
Vorgänge	> strikt folgerichtige Beschreibung nach dem zeitlichen Ablauf des Vorgangs aus einer neutralen Perspektive > handlungsbetonte Verben verwenden > auf sehr präzise und klare Begriffe achten > ganze Sätze und/oder Telegramm-Stil	*Beispiel: Installation eines TV-Geräts, Zusammenstellung von Möbelstücken, Radwechsel usw.*

Sprachliche Gestaltung

> sachlich korrekte und genaue Begriffe
> anschauliche Beschreibung
> einfache, kurze Sätze

> Zeitform: Präsens
> Perspektive: der Form der Beschreibung angepasst

Landschaft

Sertigtal, 1861 m ü. M. Seitental des Landwassertals bei Davos

Hinter den vom Landwassertal her heraufschleichenden Nebelschwaden sind schwach die hohen Berg-Silhouetten der Landschaft Davos zu erkennen. Links und rechts ist das Hochtal durch bewaldete Bergflanken begrenzt, in der Mitte des Talbodens steht eine Häusergruppe mit ungefähr einem Dutzend eng zusammen-gebauten Einzelgebäuden im Chaletstil – keine Ferienhäuser, sondern von Einheimischen bewohnt. Dominiert wird das Landschaftsbild vom Ende des 17. Jahrhunderts als Gemeinschaftswerk der Alpgenossenschaft erbauten weissen Kirchlein. Architektonisch harmonisch ins Tal eingepasst steht es etwas unterhalb der Häusergruppe. Auf dem kleinen Vorplatz zwei beinahe turmhohe Arven. Der im Vergleich zum Hauptgebäude mächtige Kirchturm trägt ein Dach in Form eines mit Holzschindeln bedeckten Spitzhutes, der zuoberst ein filigranes silbernes Kreuz trägt. Links fliesst in einem weiten Bogen der Sertigbach am Dorf vorbei. Beidseits des Gewässers ist der Talboden auf einer Breite von ungefähr 100 Metern relativ flach, bis dann die steilen und steinigen Hänge das Tal mehr und mehr verengen. Die weidenden Kühe und Rinder auf den saftigen Wiesen verstärken das Bild einer idyllischen abgeschiedenen Berglandschaft. Und sobald sich der Nebel lichtet und die Sonnenstrahlen durchdringen, erscheint das kleine Sertigtal wie eine romantische Bergfilmkulisse.

Vorgang

Fahrzeug abschleppen

> Abdeckkappe für die Aufnahme der Abschlepp-Öse vorne rechts öffnen: Abdeckkappe unten ausrasten und nach unten abnehmen. Die Abschlepp-Öse befindet sich in der Tasche für Wagenwerkzeug im Gepäckraum unter dem Reserverad (siehe Bild oben).
> Abschlepp-Öse linksherum einschrauben und bis zum Anschlag in waagrechter Stellung festdrehen.
> Abschleppseil – besser Abschleppstange – an der Öse befestigen.
> Zündung einschalten, um die Lenkradblockierung zu lösen und Bremsleuchten, Hupe und Scheibenwischer betätigen zu können.
> Schaltgetriebe im Leerlauf
> Langsam anfahren. Nicht ruckartig fahren. Unzulässig hohe Zugkräfte können die Fahrzeuge beschädigen.
> Warnung: Zum Bremsen und Lenken sind bedeutend höhere Kräfte erforderlich, da Bremskraft- und Lenkkraftunterstützung nur bei laufendem Motor wirksam sind.

Quelle: OPEL, Handbuch Betriebsanleitung. Text leicht gekürzt.

Person

Zurzeit trägt er die Haare ziemlich kurz, mein bester Freund Markus. Seine blonde Haarpracht begann ihn zu stören, obwohl er bei der Ausübung seiner Lieblingssportart die Haare jeweils mit einem breiten schwarzen Stirnband einzuwickeln pflegte – so ähnlich wie sein grosses Vorbild Ronaldinho. Markus ist nämlich ein grosser Fussballfan. Doch mit seinen beinahe zwei Metern Körpergrösse findet er sich für eine Fussballerlaufbahn zu schlaksig, daher widmet er sich seit seinem 13. Lebensjahr ganz dem Basketball. Nun ist er siebzehn und spielt bereits in der 1. Mannschaft seines Clubs. Nebst der Körperlänge sind seine besonderen Merkmale die grossen Hände und Füsse, Schuhgrösse 46!
Markus ist nicht nur im Sport ambitiös, auch in der Schule entwickelt er einen gewissen Ehrgeiz, vor allem in seinem Lieblingsfach, dem Rechnungswesen. In diesem Bereich sieht er denn auch seine berufliche Zukunft. Nach dem Abschluss der kaufmännischen Lehre möchte er eine Stelle bei einer Grossbank antreten, sich im Finanzwesen weiterbilden und wenn möglich ein paar Jahre im Ausland arbeiten. Ich bin sicher, dass ihm mit seiner offenen, positiven und zielstrebigen Art diese Karriere bestimmt gelingen wird. Jedenfalls wünsche ich ihm schon heute viel Erfolg.

Arbeit eines 17-jährigen Berufsschülers

Beiblatt zum Bewerbungsschreiben

Nebst dem Bewerbungsbrief (siehe S. 18) können auch mit diesem Teil der Bewerbung entscheidende Punkte geholt werden. Auf einer A4-Seite hat man die Möglichkeit, sich in Bild und Text vorzustellen, den Werdegang, die berufliche Erfahrung und Qualifikationen aufzuzeigen sowie die besonderen Stärken hervorzuheben. Mit einer klaren und übersichtlichen Gestaltung erbringt man dem zukünftigen Arbeitgeber zugleich den Beweis für sorgfältiges und seriöses Arbeiten. Auf Inhalt, Gestaltung und Sprache ist daher grösster Wert zu legen.

Darauf ist besonders zu achten

> Inhalt: vollständig
> Gestaltung: übersichtlich, ruhig, klar
> Sprache/Stil: stichwortartig, sachlich, fehlerfrei
> Umfang: maximal eine A4-Seite (Schriftgrösse 11 oder 10 Punkt)
> Tipp: Verwenden Sie für dieses Blatt ein etwas dickeres Papier (100 oder 120 g/m^2); wegen des aufgeklebten Bildes ist mehr Stabilität notwendig.

Gliederung und Inhalt

Abschnitt	Inhalt	Bemerkungen
Titel	Beiblatt, Personalienblatt, Lebenslauf, Curriculum Vitae, Übersicht, Auf einen Blick u. a.	*Es ist nicht zwingend, einen Titel zu setzen. Auf der obersten Zeile können auch einfach der Vor- und Nachname stehen.*
Personalien	Name, Vorname, Strasse/Nr., PLZ/Wohnort Mail-Adresse, Telefon-Nummer Geburtsdatum, Heimatort	*fakultative Angaben: Nationalität, Zivilstand, Kinder, militärische Einteilung/Grad, Name/Beruf der Eltern, Konfession, telefonische Erreichbarkeit*
Schulen	Jahreszahlen, Dauer, Stufen bzw. Abteilungen: Primarschule, Sekundarstufe I und II	*für Lehrstellen auch Schnupperlehren angeben*
Ausbildung bzw. Studium	Jahreszahlen, Dauer der vollzeitlichen Ausbildung bzw. des Studiums	
Abschlüsse	Schulabschlüsse, Diplome, Zertifikate, Ausweise, Patente u. a. – jeweils mit Datum	*genaue offizielle Bezeichnung angeben*
Weiterbildung	Wichtige Weiterbildungen während und nach der Ausbildung bzw. des Studiums	*evtl. Dauer in Tagen angeben (z. B. 12 Kurstage)*
Anstellungen	Jahreszahlen, Dauer Firma, Position, Funktion	*auch Lehrstellen, Praktika, Stellvertretungen u. a. angeben, evtl. mit Angabe der Anstellungsprozente*
Sprachen	Muttersprache und Fremdsprachen mit zeitlichen und qualitativen Angaben	*Ausweise, sofern vorhanden Dauer von Sprachkursen*
Interessen	Hobbys, spezielle Engagements u. a.	*fakultativ*
Referenzen	Mindestens 2 Personen, die über die beruflichen Qualifikationen etwas aussagen können.	*Referenzpersonen müssen vorher angefragt werden.*
Eintritt	Genaues Datum oder «nach Vereinbarung»	
Lohn	nach Vereinbarung oder Bandbreite von … bis … (Bruttolohn) angeben	*fakultativ*
Foto	qualitativ gutes Passfoto, schwarz-weiss oder farbig. Motto: freundlich, positiv, stilvoll	*Foto mit einem non-permanent Kleberoller oben rechts aufkleben oder mit guter Qualität direkt aufs Blatt drucken*

Hanspeter Muster

Adresse	Flussweg 17
	4500 Solothurn
Mail-Adresse	hp.muster@bluewin.ch
Telefon, privat	032 621 77 15
Geburtsdatum	14. März 1978
Heimatort	Reinach/AG
Zivilstand	verheiratet, 2 Kinder

Passfoto

Schulen

1994–1997	Kaufmännische Berufsschule Baden
1990–1994	Bezirksschule Brugg
1985–1990	Primarschule Brugg

Ausbildung

1999–2002	Studium an der Fachhochschule Wirtschaft, Baden
1994–1997	Kaufmännische Lehre bei der NAB in Baden

Abschlüsse

2002	Abschluss Fachhochschule Baden
1997	Eidgenössischer Fähigkeitsausweis KV, mit Berufsmaturität

Weiterbildung (Auszug)

Bankinterne Weiterbildungen in den Bereichen Börsenmärkte, Hypothekengeschäft und Kleinkreditwesen; Informatik

Anstellungen

Januar 02–heute	SoBa, Filiale Grenchen, Leiter Hypotheken
1997–1999	NAB Aarau, Sachbearbeiter Hypothekenmarkt

Sprachen

Deutsch: Muttersprache
Englisch: Cambridge First Certificate in English (FCE)
Französisch: 3 Monate Sprachaufenthalt in Lausanne
Russisch: gute mündliche Kenntnisse (erworben durch meine Frau, die aus Petersburg stammt)

Interessen

Russland: Land, Kultur, Geschichte
Reisen: Europa und Asien
Sport: Jogging, Tennis, Fechten

Referenzen

Herr Beat Käser	Frau Rosa Haller
Filialleiter	Leiterin HR
Bâloise Bank SoBa Grenchen	NAB Baden
Tel. G. 032 652 10 99	Tel. G. 056 491 20 19

Stellenantritt

1. November 2006 oder nach Vereinbarung

Lohn

nach Vereinbarung

Das Arbeitszeugnis

Das Arbeitszeugnis ist rechtlich gesehen eine Urkunde und muss der Wahrheit entsprechen. Es vermittelt ein Bild über Berufserfahrung, Arbeitsweise und Kompetenzen eines Mitarbeitenden, dient einem neuen Arbeitgeber als Entscheidungsgrundlage und kann daher die berufliche Entwicklung entscheidend beeinflussen.

Arbeitszeugnisse machen qualifizierende Aussagen über Leistung und Verhalten von Mitarbeiterinnen und Mitarbeitern. Daher müssen die Texte hohen formalen, inhaltlichen und sprachlichen Ansprüchen genügen und auf den rechtlichen Grundlagen basieren (siehe dazu Obligationenrecht Art. 330a).

Hauptmerkmale

> Das Zeugnis ist wahrheitsgetreu, objektiv, klar verständlich und vollständig.
> Es ist in der Tendenz wohlwollend formuliert.
> Das Zeugnis ist sprachlich, sachlich und formal korrekt.
> Formulierungen aus so genannten Codelisten sind nicht statthaft. Heute wird oft ausdrücklich erwähnt, dass das Arbeitszeugnis nicht verschlüsselt ist («Dieses Arbeitszeugnis ist unkodiert»).

Aufbau

Briefkopf	offizieller Briefkopf, Absender-Adresse, Ort, Datum	
Brieftitel	Arbeitszeugnis	*Oder: Zwischenzeugnis*
Personalien	Anrede, Vorname, Name, Geburtsdatum, Heimatort/Bürgerort, Anstellungsdauer, Arbeitsort, Stellung im Betrieb	*Beschäftigungsgrad bei Teilzeitanstellung angeben*
Aufgabenbereiche	Pflichtenheft, evtl. Beförderungen	*stichwortartige Angaben*
Qualifikationen zu Leistung und Verhalten	Zu beurteilen sind: – *Sachkompetenz:* Arbeitsqualität, Wissen und Können, berufliche Erfahrung – *Selbstkompetenz:* Arbeitseinsatz, Belastbarkeit, Leistungsvermögen, Verantwortung, Initiative, Selbstständigkeit – *Sozialkompetenz:* Zusammenarbeit, Kommunikation, Kritikfähigkeit	*Der wichtigste und zugleich heikelste Abschnitt des Zeugnisses!* *Bei Angestellten mit Führungsaufgaben kommt der Punkt Führung hinzu.*
Beendigungsgrund	Der Austrittsgrund wird nicht erwähnt, wenn der Arbeitnehmer dies ausdrücklich wünscht.	*Ab und zu wird auch bei einer Kündigung die Floskel benutzt «… verlässt uns im gegenseitigen Einvernehmen».*
Abschiedsformel	Dank für die Zusammenarbeit, Wünsche für die berufliche Zukunft	
Unterschrift	vorgesetzte Person	

Sprachliche Gestaltung

> kurze, einfache Sätze
> Zeitformen: grundsätzlich im Präteritum bzw. Perfekt
> Verbalstil statt Nominalstil, aktive statt passive Formen
> keine Vorreiter, Floskeln und Phrasen
> neutraler Schreibstil, in der Abschiedsformel Wechsel zum persönlichen Wir- bzw. Ich-Stil

Offizieller Briefkopf des Betriebs mit Logo und Adresse

Luzern, 31. März 2007

Arbeitszeugnis

Frau Claudia Herzog, geboren am 10. September 1980, von Sursee, war in unserem Verlag vom 1. März 2004 bis heute mit einer 80-Prozent-Anstellung beschäftigt. Zu ihren Aufgaben als Sachbearbeiterin im Sekretariat zählten im Wesentlichen folgende Tätigkeiten:

- eigenständiges Führen des Sekretariats, inklusive Telefondienst
- allgemeine Geschäftskorrespondenz
- Personalkoordination, in Absprache mit der Abteilungsleiterin
- Bestell- und Rechnungswesen, inklusive Controlling
- Kassenführung, Abrechnungen, Honorarzahlungen, Rechnungen, Mahnungen
- Marketing, in Zusammenarbeit mit dem Verlagsleiter

Nach einer kurzen Einarbeitungszeit erfüllte Frau Herzog die vielfältigen und anspruchsvollen Aufgaben weitgehend selbstständig, arbeitete effizient, zuverlässig und äusserst gewissenhaft. Bei Unsicherheiten holte sie die nötigen Informationen ein und optimierte ihre Arbeitsqualität laufend. Frau Herzog blieb auch in hektischen Zeiten ruhig, priorisierte die Aufgaben und behielt stets den Überblick.

Hervorzuheben sind insbesondere ihre organisatorischen und kommunikativen Fähigkeiten. Sie hat schon wenige Wochen nach ihrem Stellenantritt aus eigener Initiative das Ablagewesen sowie die Personalkoordination übersichtlicher gestaltet und damit effizienter gemacht. Die telefonischen Auskünfte und auch die schriftliche Korrespondenz zeichneten sich aus durch ein adressatengerechtes, sachliches und freundliches Kommunizieren.

Die Zusammenarbeit mit Frau Herzog war geprägt von Offenheit, Kritikfähigkeit, Konsensfähigkeit und Ausgeglichenheit. Auch im Umgang mit Aussenstellen wie Autorinnen und Autoren, Marketingfachleuten oder Kunden und Kundinnen kam ihre hohe Sozial- und Kommunikationskompetenz zum Tragen.

Frau Claudia Herzog verlässt unsere Firma auf eigenen Wunsch, da sie sich stärker auf das Marketing konzentrieren will und sich in diesem Bereich weiterbilden möchte.

Wir bedauern den Weggang sehr und danken Frau Herzog für das grosse Engagement sowie die gute Zusammenarbeit. Für die berufliche Zukunft wünschen wir ihr alles Gute und viel Erfolg.

Verlagshaus K & T

Unterschrift
Anton Beeler, Verlagsleiter

Dieses Arbeitszeugnis ist unkodiert.

Das Protokoll

Das Protokoll ist eine wortgetreue oder auf die wesentlichen Punkte beschränkte Niederschrift über Inhalt, Verlauf und Ergebnisse von Sitzungen, Besprechungen, Verhandlungen, Versammlungen und Konferenzen. Es dient als Informationsquelle und ist daher ein wichtiges Arbeitsinstrument.

Das Protokoll wird in der Regel vom Protokollführer sowie vom Vorsitzenden unterschrieben und an einer folgenden Sitzung von allen Beteiligten genehmigt. Damit hat das Schriftstück den Charakter eines öffentlichen Dokuments. Aus diesem Grund müssen bestimmte Formen beachtet werden.

Zu Beginn eines Anlasses muss abgemacht werden, ob und in welcher Form das Gespräch protokolliert wird; auch ist ein Protokollführer zu bestimmen oder zu wählen. Persönliche Stellungnahmen der protokollierenden Person gehören nicht ins Protokoll.

Formen

Protokollart	Merkmale	Anwendung
Ergebnis-protokoll	> beschränkt sich auf die Ergebnisse und Beschlüsse > nennt Abstimmungs- und Wahlergebnisse > hält beschlossene Arbeitsaufträge fest	> kurze Sitzungen, Besprechungen, Verhandlungen u. a.
Wörtliches Protokoll	> hält das Gesagte von allen Beteiligten wortwörtlich fest	> öffentliche Sitzungen wie z. B. Nationalrat oder Kantonsrat > polizeiliche Untersuchungen > Gerichtsverhandlungen
Verlaufs-protokoll*	> stellt den Verlauf der Besprechung in chronologischer Reihenfolge dar > erwähnt auch Nebensächliches, sofern es zum Thema gehört > fasst Ergebnisse und Beschlüsse zusammen > hält beschlossene Arbeitsaufträge fest	> Sitzungen > Besprechungen > Verhandlungen > Versammlungen > Konferenzen

Sprachliche Gestaltung

> präzise, klare Wortwahl
> korrekte Daten, Fakten, Namen und Fachausdrücke
> knappe Ausdrucksweise (kurze Sätze, Ellipsenstil, Stichwörter, Abkürzungen)
> indirekte Rede; direkte Rede nur für spezielle, wichtige Beiträge
> Zeitform: grundsätzlich Präsens; Vergangenheitsformen für zurückliegende Ereignisse, über die berichtet wird.

* Es empfiehlt sich, für wiederkehrende Sitzungen eine einheitliche Struktur in Form eines Rasters zu verwenden. Mögliche Struktur eines Verlaufsprotokolls: Siehe Beispiel auf der rechten Seite.

Protokoll

4. Sitzung Organisationsteam Social Events (OTSE); HR-Abteilung ABB Schweiz

Datum, Zeit	Mittwoch, 10. Mai 2006, 7.30–8.30 Uhr
Ort	Sitzungszimmer Nr. 12, 3. Stock
Leitung	Petra Neumann (PN)
Anwesende	Walter Bieri (WB), Gisela Fischer (GF), Ann Miller (AM), Klaus Jäger (KJ), Claudia Kern (CK), Martin Weidmann (MW)
Entschuldigt	Sergio Bertini (SB)
Protokoll	Gisela Fischer (GF)
Traktanden	1. Begrüssung 2. Protokoll vom 22. März 2006 3. Allgemeine Informationen 4. Ideensammlung Events 2008 (Brainstorming) 5. Prov. Auswahl von 3 Ideen 6. Diverses
Besonderes	– Erste Sitzung für Ann Miller – Letzte Sitzung für Claudia Kern

Traktanden	Inhalt	Aufträge (was, wer, bis wann?)
1. Begrüssung	– PN begrüsst alle zur heutigen Sitzung, insbesondere Ann Miller, die zum ersten Mal an einer Besprechung teilnimmt. – PN erwähnt, dass es für Claudia Kern, Vertreterin der Lehrlinge, die letzte Sitzung ist.	
2. Protokoll	– MW weist darauf hin, dass er für die Sitzung vom 22. März entschuldigt war, jedoch unter den Anwesenden aufgeführt sei. – KJ möchte präzisiert haben, dass die Umfrage «Social Events, wie weiter?» nicht nur bei den HR-Leuten, sondern in allen Abteilungen durchgeführt wurde. – Das Protokoll wird mit diesen beiden Korrekturen genehmigt und verdankt.	
3. Allgemeine Informationen	– PN gibt bekannt, dass die Geschäftsleitung wiederum 2 Arbeitstage für die SE 2008 bewilligt hat. Unklar ist noch, ob und in welcher Höhe sich die Firma an den Kosten beteiligt.	PN klärt ab, bis 21.6.06
4. Ideensammlung Events 2008	– [Text] … – [Text] …	
5. Prov. Auswahl von 3 Ideen	– [Text] … – [Text] …	Idee 1: PN und GE Idee 2: AM und MW Idee 3: WB und KJ
6. Diverses	– Neues Mitglied: Für CK sollen bis zur nächsten Sitzung Interessenten gesucht werden, vorzugsweise in den Kreisen der Lehrlinge. WB geht auf «Werbetour» und unterbreitet Vorschläge. – PN überreicht CK zur Verabschiedung einen Blumenstrauss und dankt ihr für die rund 3-jährige Mitarbeit im OTSE. – Nächste Sitzung: Mittwoch, 21. Juni 2006; Einladung folgt per E-Mail.	WB, bis 21.6.06 PN, bis 14.6.06
Ort, Datum	Baden, 12. Mai 2006	
Für das Protokoll	Gisela Fischer	

Die frei erfundene Geschichte

Im Gegensatz zu einem Sachtext steht bei einer Erzählung nicht die Information über einen bestimmten Sachverhalt im Vordergrund. Die Lesenden sollen vielmehr mit einer kreativen, spannenden und überraschungsreichen Geschichte, die bewusst auf den Höhepunkt hin erzählt wird, unterhalten werden. Dabei kann die Verfasserin oder der Verfasser eigene Erlebnisse wiedergeben, von Selbsterlebtem ausgehen und dies mit Fiktion vermischen oder eine reine Fantasiegeschichte erzählen. Die Grenzen zwischen Wirklichkeit und Fantasie können also nahe beieinanderliegen oder auch gänzlich getrennt sein, so zum Beispiel bei einer Science-Fiction-Erzählung.

Hauptmerkmale einer Erzählung

> Spannung: Der Spannungsbogen wird bewusst aufgebaut.
> Kreativität: Es kommen überraschende Momente, Wendungen, Höhepunkte vor.
> Thema: Das Hauptthema geht wie ein roter Faden durch die Geschichte.
> Handlungsgerüst (Plot): Ort, Zeit, Personen und Handlung sind definiert.
> Emotionen: Die Personen zeigen Gefühle wie Freude, Angst, Enttäuschung, Zuversicht, Mut etc.
> Personen: Es gibt eine klare Unterscheidung von Haupt- und Nebenrollen.
> Aufbau: Siehe dazu die Hinweise zum Aufbauplan.
> Sprache: Der sprachliche Ausdruck passt zum Thema, zu den Figuren, zur Handlung (siehe dazu auch die Hinweise zur sprachlichen Gestaltung).

Aufbauplan

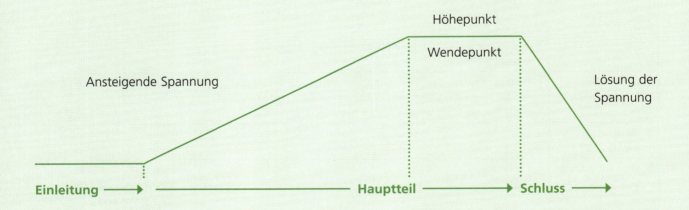

Sprachliche Gestaltung

> Ausdrucksweise: anschaulich, bildhaft, fantasievoll – zum Thema, zur Handlung und zu den Figuren passend
> Wortschatz: lebendig und abwechslungsreich – ausdrucksstarke Nomen, Verben und Adjektive verwenden
> Satzbau: unterschiedliche Satzstrukturen anwenden
> direkte Rede: Personen «sprechen lassen»
> Zeitform: Handlung in der Regel im Präteritum. Direkte Rede und innere Monologe im Präsens
> Erzählperspektive: Ich- bzw. Wir-Perspektive oder Sie- bzw. Er-Perspektive

Heimweh

Still ist es, und kalt dazu, hier in dieser fremden Stadt, in dieser fremden Hütte, auf diesem fremden Bett. Weshalb hat mich mein Vater nur nach Kengabi geschickt? Er musste doch wissen, dass dies mein Verderben bedeutet.

Und jetzt? – Verdingen muss ich mich hier, als billige Magd den ganzen Tag schuften. Und die Hälfte meines spärlichen Lohns soll ich meiner Familie nach Zombiba schicken.

Geweint hat nur meine Mutter, als ich wegging. Alle anderen schauten mich mit starrem Blick an oder betrachteten betreten den Boden vor ihren nackten Füssen. Mein Vater schaute mir nicht einmal in die Augen, stammelte bloss etwas von Geld und sagte dann: «Auf Wiedersehen, Tochter.»

Danach wies mich mein ältester Bruder Nemo an, auf den Karren zu steigen, gab den beiden schwerfälligen Ochsen zwei Peitschenhiebe auf ihre breiten Rücken. Es ging los.

Mit ihren verweinten Augen schaute meine Mutter mir noch lange nach, drehte sich plötzlich um und ging rasch zurück zum Haus. Die anderen waren schon alle verschwunden.

Das war mein Abschied.

Jetzt liege ich hier. Fühle mich trotz der vielen Menschen um mich herum einsam. Ich vermisse den warmen Atem meiner kleinen Schwester und das gleichmässige Schnarchen meiner Tante. Schön war es gewesen in den engen Räumen zu Hause, in Zombiba, meinem Heimatdorf, im Herzen von Namibia. Nun liege ich zwischen schwitzenden, stinkenden Körpern, irgendwo in diesem fremden Land, weiss nicht, wie mein Leben weitergeht und habe schrecklich Heimweh.

Ich weiss, dass ich nur des Geldes wegen hier bin, obwohl mir alle sagten, es komme alles gut, es sei zu meinem Wohl. Und mit fünfzehn beginne eben das Erwachsenenleben. Doch meine Arbeit ist zu ihrem Wohl, ich bin ihre Geldquelle und sie müssen ein Maul weniger stopfen.

Was sollen die Gedanken? Das Leben muss weitergehen. Ich muss mein Schicksal nun selber in die Hände nehmen.

Ich bin todmüde, will endlich schlafen.

«Bist du noch wach?», höre ich plötzlich eine raue Frauenstimme fragen. «Du bist neu hier, erst heute angekommen. Ich heisse Kemala. Habe gestern eine Stelle gefunden. Die Herrschaften sind gut und brauchen noch ein Kindermädchen. Morgen ist mein erster Arbeitstag. Ich nehme dich mit.»

Ich schaue noch kurz in das schwarze Gesicht und falle dann erschöpft in einen tiefen Schlaf.

Arbeit einer 15-jährigen Gymnasiastin

Einleitung
Direkter Einstieg in die Geschichte mit Gedanken der Hauptfigur, Präsens

Hauptteil
Rückblende, Wechsel ins Präteritum

Schilderung der Ereignisse in chronologischer Reihenfolge

Allmählicher Spannungsanstieg

Ende der Rückblende

Erinnerungen an Zuhause, starke Gefühle

Hauptmotiv «Heimweh»

Hoffnung, Mut

Höhepunkt, Wendepunkt

Schluss
Lösung der Spannung

> Textsorten > Beispiel frei erfundene Geschichte

Ein Beispiel einer literarischen Erzählung («Im Spiegel») ist im Anhang auf Seite 101 zu finden.

Nomen

Das Nomen ist ein wichtiger Bedeutungsträger, denn es sagt aus, worum es in unseren Aussagen geht. Nebst den Unterschieden bezüglich Geschlecht, Zahl und Fall zeichnen sich die Nomen durch beinahe unbegrenzte Kompositionsmöglichkeiten aus. Zudem können andere Wortarten wie z. B. Verben oder Adjektive zu Nomen werden. In solchen Fällen spricht man von Nominalisierung.

Nomenbildung durch Zusammensetzung

Es ist eine Eigenheit des Deutschen, dass mehrere Nomen zu einem Wort zusammengesetzt werden können. Dabei ist jeweils das letztgenannte Nomen das Grundwort, die vorangestellten Ausdrücke sind Bestimmungswörter. Bei solchen Zusammensetzungen wie **Geschäftshaus, Krankenhaus, Gartenhaus** geht es also immer um Gebäude. Der erste Teil der Ausdrücke besagt, um welche Art von Gebäuden es sich handelt.

Solchen Wörtern sieht man allerdings nicht an, wie die Beziehung zwischen Grund- und Bestimmungswort ist. Kaufe ich Apfel- oder Schokoladenkuchen, erwarte ich Kuchen **mit** Äpfeln oder Schokolade. Kaufe ich hingegen Hundekuchen, benötige ich Verpflegung **für** meinen Vierbeiner. Dank unserer Spracherfahrung entstehen im Alltag aber nur selten Missverständnisse.

Üblich sind Begriffe aus zwei oder drei zusammengesetzten Nomen, auch wenn sich bedeutend längere Wörter bilden liessen. Vielgliedrige Konstruktionen wie **Arbeitsgruppensitzungsprotokollführerentschädigung** sind jedoch unübersichtlich und sollten vermieden werden.

Bezeichnungen von Personen

Es ist in neuerer Zeit wichtig geworden, Personengruppen nicht nur mit einer männlichen Form zu bezeichnen. So sollte man nicht mehr sagen, ein Dorf habe 5000 **Einwohner,** eine Firma 150 **Mitarbeiter** oder in der Schweiz seien die **Stimmbürger** zur Urne gerufen. Heute heisst es: Die Schweiz hat 7,5 Millionen **Einwohnerinnen und Einwohner.** Die Firma beschäftigt 150 **Mitarbeiterinnen und Mitarbeiter.** Die **Däninnen und Dänen** sind aufgerufen, ihre **Parlamentarierinnen und Parlamentarier** zu wählen. Am natürlichsten klingt es, wenn sowohl die männliche als auch die weibliche Form erwähnt werden. Formen wie **EinwohnerInnen** oder **Stimmbürger/innen** sind zwar einerseits ökonomisch, können aber andererseits als unnatürlich empfunden werden.

Oft helfen auch Partizipien, geschlechtsneutrale Formen zu bilden: die **Dozierenden;** die **Teilnehmenden.**

Nominalisierung

Von Nominalisierung spricht man, wenn Sachverhalte mit Hilfe von Nomen statt Verben ausgedrückt werden.

In der Beamtensprache und im Rechtswesen werden Nomen und Nominalisierungen häufig verwendet. Solche Texte wirken gegenüber der alltäglichen Standardsprache steif. Für einen flüssigen, angenehm zu lesenden Schreibstil empfiehlt es sich, nominale Satzglieder durch Gliedsätze zu ersetzen. **Seit das Gesetz in Kraft gesetzt worden ist** klingt natürlicher als **seit der Inkraftsetzung des Gesetzes. Nachdem sie es abgelehnt hatten, teilzunehmen** wirkt besser als **nach der Ablehnung ihrer Teilnahme.** Daneben lassen sich oft auch Wortgruppen aus Nomen und Verb durch ein einziges Verb ausdrücken. Aus **einer Prüfung unterziehen** wird schlicht **prüfen** oder aus **Reinigungsarbeiten ausführen** wird **reinigen.**

Übung 1

Untersuchen Sie die Zusammenhänge zwischen Bestimmungswörtern und Grundwörtern.

Beispiel: **Schokoladenkuchen** > Das Bestimmungswort gibt an, woraus der Kuchen besteht.

Hundekuchen > Das Bestimmungswort gibt an, für wen der Kuchen gedacht ist.

1. Geburtstagskuchen/Streuselkuchen/Pfannkuchen

....

2. Käseteller/Kinderteller/Suppenteller/Zinnteller/Unterteller

....

3. Hochzeitsfest/Winzerfest/Stadtfest/Jugendfest

....

4. Fensterscheibe/Glasscheibe/Windschutzscheibe/Heckscheibe

....

5. Funksignal/Strassensignal/Notsignal/Warnsignal/Startsignal

....

Übung 2

Wie lauten die männlichen resp. weiblichen Entsprechungen?

1. der Gast – ....
2. der Mönch – ....
3. die Nichte – ....

4. die Krankenschwester – ....
5. die Serviertochter – ....
6. die Geisel – ....

Übung 3

Ordnen Sie jedes Tier einem Ausdruck zu. Wer oder was wird so bezeichnet?

Affe/Bär/Ente/Esel/Hirsch/Katze/Lamm/Löwe/Marder/Rabe/Ratte/Spatz/Specht/Tiger/Wolf/Wurm

1. ein Klammer.............
2. ein Schluck..............
3. die Zeitungs............
4. die Schmuse.............

5. der Draht...................
6. der Auto...................
7. der Party...................
8. der Platz...................

9. ein Bücher...............
10. ein Papier.................
11. ein Dreck.................
12. der Reiss.................

13. die Wasser.................
14. ein Unschulds.............
15. ein Brumm.................
16. ein Unglücks.............

Übung 4

Ersetzen Sie die nominalen Satzglieder durch Gliedsätze.

Beispiel: *Beim Ertönen dieser Melodie* denke ich an den Sommer.

Wenn diese Melodie ertönt, denke ich an den Sommer.

1. Es dauert noch lange **bis zur Verwirklichung dieses Projekts.**

....

2. **Die Wiederinstandsetzung des Gebäudes** war sehr aufwendig.

....

3. **Zwecks Überprüfung der Personalien** wurde der Mann auf den Polizeiposten gebracht.

....

4. **Nach Eingang der Resultate** werden diese am schwarzen Brett angeschlagen.

....

Modalverben

Modalverben haben die Aufgabe, Aussagen eine gewisse Richtung zu geben, sie zu modifizieren. Das sieht man gut an folgendem Beispiel:

	müssen	
	können	
Wir	dürfen	essen.
	wollen	
	sollen	
	mögen	

Jedes Mal wird gegessen, aber die Aussage ist modifiziert und drückt dank dem Modalverb aus, dass wir zu essen wünschen/verpflichtet sind/die Erlaubnis haben usw.

Modalverben können mehrere Bedeutungen haben

Lektüre eines Buches in der Klasse: Ein Schüler fragt die Lehrerin: «Kann ich weiterlesen?» – Die Lehrerin augenzwinkernd: «Hoffentlich kannst du!»
Der Schüler verwendet können im Sinn einer Erlaubnis, die Lehrerin macht daraus aber eine Fähigkeit.

Modalverben sollten von einem Hauptverb begleitet sein

Stilistisch unschön ist es häufig, wenn das Hauptverb unterschlagen wird, wie wir es in der gesprochenen Sprache tun. Sie muss in die Stadt. Er will ein Stück Käse. Besser: Sie muss in die Stadt *fahren*. Er will ein Stück Käse *haben*.

Übertrieben höfliche Modalverben

Übertrieben höflich oder floskelhaft werden häufig die Modalverben dürfen und mögen angewendet.
Vor allem wird zu viel «gemöchtet»:
Wir möchten Sie bitten, ... Ich möchte hier noch anfügen ...
Eigentlich möchte man das nicht nur – man tut es: Wir bitten Sie, ... Ich füge hier noch an ...
Eigentlich ist es gar nicht als Frage gemeint: Dürfen wir Sie darauf hinweisen, ...?
Auch hier wirken wir klarer und sind dennoch nicht weniger höflich, wenn wir uns direkt mit dem Hauptverb äussern: Wir weisen Sie darauf hin, ...

Selbstverständlich dürfen Modalverben eingesetzt werden, wenn man eine Aussage modifizieren möchte und nicht allzu deutlich werden will, der Empfänger oder die Empfängerin unsere Absicht aber dennoch verstehen soll. (In diesem Satz liessen sich die Modalverben wohl nur schwerlich vermeiden.)

Pleonasmen bei Modalverben

Konstruktionen mit Modalverben können vielleicht auch Pleonasmen enthalten. So drücken gerade in diesem Satz sowohl das Wort vielleicht als auch das Modalverb können eine Möglichkeit aus.

Übung 1

Erklären Sie, was das Modalverb in folgenden Sätzen ausdrückt.

Beispiel: Eine Reparatur **dürfte** ziemlich teuer werden. > **Vermutung**

1. Du kannst meinen Taschenrechner benützen. ....

2. Im Auto muss man Sicherheitsgurten tragen. ....

3. Sie will sich ein Paar warme Stiefel kaufen. ....

4. Der Abteilungsleiter soll Geld unterschlagen haben. ....

5. Kannst du Klavier spielen? ....

6. Chinesisch muss eine schwierige Sprache sein. ....

Übung 2

Drücken Sie mit einem Modalverb aus.

1. Sie .... sofort Frau Suter anrufen. (wichtiger Auftrag)

2. Was .... ich jetzt tun? (Ratlosigkeit)

3. Was .... ich für Sie tun? (Hilfsangebot)

4. Patrizia .... sich bis Ende Woche entscheiden. (Absicht)

5. Der Chef .... einen Wutanfall bekommen haben. (Gerücht)

6. Die Präsentation .... höchstens 10 Minuten dauern. (Erlaubnis)

Übung 3

Folgende Sätze sind doppeldeutig. Zeigen Sie auf, wie sie verstanden werden können.

1. Er will nichts davon wissen. ....

2. Ich kann nicht an eure Party kommen. ....

3. Sie sollen sich grosse Mühe geben. ....

4. Die Tür muss offen sein. ....

5. Sie dürfte das Projekt bewilligen. ....

Übung 4

Verbessern Sie die Sätze durch Ergänzung mit Hauptverben.

1. Von hier aus kann man in alle Teile der Schweiz.

....

2. Wir haben den Apfelbaum gepflegt, aber er will und will nicht.

....

3. Ich nehme an, die Unterlagen sollen ins Sitzungszimmer.

....

4. Die Gruppe hatte sich verirrt, sie konnte an dieser Stelle nicht über den Fluss.

....

5. Jetzt bin ich müde und mag nicht mehr.

....

6. Mama, darf ich noch ein Stück Brot?

....

Ähnliche Verben

Im Deutschen gibt es Verben, die einander ähnlich sehen und die man deshalb sorgfältig auseinanderhalten muss. Dazu kommt, dass sie in der Mundart oft so angewendet werden, wie es in der Standardsprache nicht korrekt ist.

Statische und dynamische Verben

Verb-Paare, bei denen es um statische resp. dynamische Aspekte geht, sind **stehen/stellen; sitzen/setzen; liegen/legen.**

Die jeweils ersten Verben dieser Paare sind absolute Verben, d.h. sie können keine Objekte haben. Sie haben starke Stammformen. Sie beschreiben eine Position: **Wo** befindet sich jemand/etwas? Das Adverbiale des Ortes steht folglich im **Dativ.**
Ich *sass* auf **dem Sofa.**
Wir *standen* vor **dem Haus.**
Die Katze *lag* auf **dem Bett.**

Die jeweils zweiten Verben sind transitiv, haben also ein **Akkusativobjekt.** Das Adverbiale des Ortes beantwortet hier die Frage **wohin?** Es wird beschrieben, was mit diesem Objekt geschieht.
Sie *setzten* **das Kind** auf das Sofa.
Ich *stellte* **den Blumentopf** vors Haus.
Sie *legte* **sich** aufs Bett.

Weitere ähnliche Paare

Sinken/senken; erlöschen/löschen; erschrecken/erschrecken
sind ebenfalls solche absolute/transitive Verb-Paare. Sie haben allerdings nichts mit Ortsangaben (wo/wohin) zu tun.

Gleiche Verben/Verbformen unterschiedlicher Bedeutung

Bei den Verben **hängen** und **erschrecken** kommt erschwerend hinzu, dass sie in beiden Fällen gleich aussehen (können).
Ich **erschrecke** jedes Mal, wenn mich die Kollegen **erschrecken.**
Wir **hängen** die Wäsche dort drüben an die Leine, damit sie in der Sonne **hängt.**

Erst im Präteritum kommt der Unterschied zum Vorschein:
Ich **erschrak** sehr, als mich die Kollegen **erschreckten.**
Die Wäsche, die ich an die Leine **hängte, hing** in der Sonne.

Andere Verben mit ähnlichen Formen

Die Verben **senden** und **speisen** haben je unterschiedliche Stammformen und damit auch verschiedene Bedeutungen.
senden – sandte – gesandt: etwas per Post senden: Ich **sandte** ihnen eine Karte.
senden – sendete – gesendet: Radio/Fernsehen: Das Radio **sendete** die Nachrichten.
speisen – speiste – gespeist: essen: Wir **speisten** in einem schönen, alten Saal.
speisen – spies – gespiesen: hineingeben: Der Strom wird ins Netz **gespiesen.**

Übung 1

Setzen Sie, falls nötig, korrigierte Verbformen in die Klammern.

1. Als wir zu Hause ankamen, legten wir uns gleich ins Bett. (................................)

2. Das Auto hat einen Vorteil: Ich kann hineinsitzen und muss erst am Zielort wieder aussteigen.
(................................)

3. Ich sitze am Empfang und begrüsse unsere Kunden. (................................)

4. Wenn es im Sommer heiss ist, liege ich oft im Garten in unsere Hängematte und träume ein wenig.
(................................)

5. Ich sass sofort an den Computer und schrieb eine Bestellung. (................................)

6. Der Weihnachtsbaum hatte rosa Kugeln, rosa Kerzen, und Schokolade hängte auch daran.
(................................)

7. In diesem Restaurant haben wir gut gespiesen. (................................)

8. «Du hast mich so erschrocken! Ich muss mich setzen», meinte sie und sass auf einen Stuhl.
(................................) (................................) (................................)

9. Jedes Wochenende sitzt der Nachbar ins Auto und fährt ins Tessin. (................................)

10. Meine Tante hatte uns ein grosses Paket gesendet. (................................)

11. Wir setzten uns an den Tisch und besprachen Ferienpläne. (................................)

12. Er stand dicht vor den Eindringling hin und forderte ihn auf, den Raum sofort zu verlassen.
(................................)

13. Nach einem Spiel sitzen wir oft noch ein wenig ins Restaurant und trinken etwas. (................................)

14. Wir sanken die schwere Last vorsichtig auf einen Tisch. (................................)

15. Sie legte den Kleinen ins Bett, sass auf einen Stuhl und las ihm eine Geschichte vor.
(................................) (................................)

16. Ich stand einmal vor unser Haus, um zu testen, ob man draussen etwas hören konnte. (................................)

17. Er hing den Mantel auf und zog die Schuhe aus. Endlich zu Hause! (................................)

Übung 2

Setzen Sie ein passendes Verb aus den Paaren auf Seite 44 ein. (Manchmal ist noch ein Pronomen als Objekt nötig.)

1. Ich .... auf mein Bett und versuchte einzuschlafen.

2. Plötzlich .... alle Lichter und man sah gar nichts mehr.

3. Wir .... auf eine Mauer, um einen besseren Überblick zu haben.

4. Am Abend kommt man nach Hause und .... vor den Fernseher.

5. Der laute Knall .... mich so sehr, dass ich zu zittern begann.

6. Jeden Abend .... zu Hause hinter meinen Schulbüchern und lerne.

7. An der Wand .... lauter Fotos von Schmetterlingen.

8. Ich .... das Heft auf den Tisch, auf welchem schon mehrere andere Hefte ....

9. Demonstranten .... auf die Strasse und blockierten den Verkehr.

10. Wir .... die Wäsche auf und .... dann an den Gartentisch.

11. Ich ...., denn plötzlich .... ein Fremder im Tram neben mich und sprach mich an.

12. .... nebeneinander, dann mache ich ein Foto von euch.

Partizipien

Ein Verb hat zwei Partizipien:
> **das Partizip Präsens (Partizip I):** *lachend, fliegend*
> **das Partizip Perfekt (Partizip II):** *gelacht, geflogen*
Das Partizip Präsens beschreibt gerade ablaufende Handlungen:
das sinkende Schiff; die steigenden Kosten; der fallende Schnee.
Das Partizip Perfekt beschreibt Fakten oder Zustände nach einer Handlung:
das gesunkene Schiff; die gestiegenen Kosten; der gefallene Schnee.

Partizipien als Adektive

Das **Partizip Präsens** kann jederzeit wie ein Adjektiv verwendet werden: Niemand von den **vorbeihastenden** Leuten achtete auf das **weinende** Kind, das unter den **blinkenden** Lichtern eines Schaufensters stand.
Beim **Partizip Perfekt** ist der Gebrauch als Adjektiv eingeschränkt:
Möglich ist er
> wenn ein Passiv gebildet werden kann:
   Der Bericht **wurde** veröffentlicht. > der **veröffentlichte** Bericht
> wenn der Ausdruck mit **sein** gebildet werden kann:
   Der Täter **ist** verschwunden. > der **verschwundene** Täter
Nicht möglich ist der Gebrauch
> wenn der Ausdruck mit **haben** gebildet wird:
   Die Versammlung **hat** stattgefunden. > die **stattgefundene** Versammlung
> wenn es sich um ein reflexives Verb handelt:
   sich verirren > die sich **verirrten** Wanderer

Überflüssige Partizipien

Ab und zu werden Partizipien gesetzt, die unnötig sind. Das wohl bekannteste Beispiel ist der Ausdruck **die gemachten Erfahrungen.** Erfahrungen sind immer erst Erfahrungen, wenn sie gemacht worden sind. Ein Partizip wäre erst sinnvoll, wenn es sich um andere Erfahrungen handelte, z. B. die **überraschenden** Erfahrungen. (Siehe dazu auch das Kapitel **Pleonasmen**, Seite 80.)

Partizipien als Stilelemente

Sparsam eingesetzt, können Präsenspartizipien einem Text Farbe verleihen: Die Kinder schauten dem Schiff nach. Die **winkenden und lachenden** Kinder schauten dem **auslaufenden** Schiff nach.

Geschlechtsneutrale Formen mit Hilfe des Partizips

Das Partizip Präsens als Nomen eignet sich mitunter dafür, geschlechtsneutrale Bezeichnungen zu schaffen: die Teilnehmerinnen und Teilnehmer > die **Teilnehmenden;** die Schülerinnen und Schüler > die **Lernenden.**

Schweizerdeutsche Sonderformen beim Partizip Perfekt

Im gesprochenen **Schweizerdeutsch** haben einige Perfektpartizipien gegenüber der Standardsprache starke Formen: **gewunken, getoschen, geschumpfen, benieden, überzogen.**
Korrekt muss es heissen: **gewinkt, getäuscht, geschimpft, beneidet, überzeugt.**

Übung 1

Welche Partizipformen sind falsch? Verbessern Sie.

1. Ich habe sie immer um ihre schöne Handschrift beneidet.
2. Wir haben den schönen Abend bei euch sehr genossen.
3. Wir hätten ihn gerne als Präsident gewonnen, aber er hat leider abgewunken.
4. In diesem Restaurant haben wir sehr gut gespeist.
5. Ich bin überzogen, dass das nicht stimmt.
6. Du musst dich getoschen haben. Ich war es nicht, der geniest hat.
7. Wer hat dieses wunderschöne Bild geschaffen?
8. Ich habe gerufen, aber du hast nicht angehaltet.
9. Wer hat als Erster den Mount Everest erklommen?
10. Meine Güte, hast du mich jetzt erschrocken!
11. Die Sonne hat heute den ganzen Tag geschienen.
12. Sie haben uns um Hilfe gebittet.

Übung 2

Richtig (R) oder falsch (F)?

1. mein sich erkälteter Kollege (......)
2. das frisch gereinigte Kleid (......)
3. die stattgefundene Party (......)
4. die sich gelangweilten Zuhörer (......)
5. die zugenommenen Unfälle (......)
6. ein sorgfältig gepflegter Garten (......)
7. die unterlassene Hilfe (......)
8. die gut geschlafenen Gäste (......)

Übung 3

In welchen Sätzen sind die Partizipien überflüssig?

1. Die überraschten Einbrecher wurden festgenommen.
2. Sie brachte das schön eingepackte Geschenk mit.
3. Die eingetretene Verspätung ärgert uns sehr.
4. Bitte legen Sie die fertig gelesenen Zeitungen zurück.
5. Ihnen machte die erhaltene Strafe keinen Eindruck.
6. Die aufgebrachte Menschenmenge versammelte sich auf dem Dorfplatz.
7. Der entstandene Sachschaden geht in die Millionen.
8. Ich glaube ihm die vorgebrachte Ausrede nicht.
9. Der Beifahrer verstarb an den erlittenen Verletzungen.
10. Wir dürfen auf die erreichten Resultate stolz sein.

Übung 4

Wie lautet das fehlende Partizip?

1. Es ist noch kein Meister vom Himmel ....
2. Sie verliess die Stelle mit einem .... und einem .... Auge.
3. Die Ratten verlassen das .... Schiff.
4. Der Weg zur Hölle ist mit guten Vorsätzen ....
5. Wie gewonnen, so ....
6. Doppelt .... hält besser.
7. Frisch gewagt ist halb ....
8. Wir suchen immer noch nach dem .... Strohhalm.
9. Aufgeschoben ist nicht ....
10. .... Leid ist halbes Leid.

Konjunktive

Der Konjunktiv ist nicht einfach zu handhaben. Das zeigt sich immer wieder darin, dass der Konjunktiv entweder unterschlagen wird, weil es einfacher ist, Indikativformen zu nehmen, oder dass er auch in der Öffentlichkeit (Radio, Fernsehen, Zeitung) falsch angewendet wird.

Indirekte Rede > Konjunktiv I

Sobald indirekte Rede vorkommt, hat der Konjunktiv I (Konjunktiv Präsens) erste Priorität: Ich sagte ihm, er **brauche** sich keine Sorgen zu machen.

Grundregel: Die Verbform der indirekten Rede muss sich vom Indikativ Präsens unterscheiden. Tut dies die Konjunktivform ohnehin, ist alles in Ordnung (er braucht > er brauche). Ist dies nicht der Fall, wird Konjunktiv II (Konjunktiv Präteritum) gesetzt.

Wir haben ihnen gesagt, sie **brauchten** sich keine Sorgen zu machen (Konjunktiv I = **brauchen** – gleich wie Indikativ).

Wahrscheinlich um den Konjunktiv besonders deutlich hervorzuheben, wird im Sprachgebrauch häufig fälschlicherweise Konjunktiv II gesetzt: Er sagte, er **wäre** froh, dass sich die Situation jetzt entspannt **hätte.**

Korrekt ist: Er sagte, er **sei** froh, dass sich die Situation entspannt **habe.**

Konjunktiv II wäre nur angebracht, wenn man eine Bedingung im Sinn hätte: Er sagte, er wäre froh, wenn sich die Situation entspannt hätte. (Das hat sie aber nicht getan, und darum ist er nicht froh.)

Heute werden häufig Infinitivformen gesetzt, damit die indirekte Rede umgangen werden kann: Er behauptet, es nicht gewusst **zu haben.** Schöner wäre: Er behauptet, er habe es nicht gewusst.

Eine Herausforderung besteht auch darin, treffende Einleitungsverben zur Hand zu haben, damit es nicht immer heisst: Er **sagte, …**

Bedingungssätze > Konjunktiv II

Der Konjunktiv II wird in erster Linie für Bedingungen verwendet: Wenn jetzt die Sonne **schiene, könnten** wir spazieren gehen. In diesen Fällen wird aber leider viel zu häufig mit **würde** verfahren. Das ist zwar bequem, weil man die Konjunktiv II-Formen umgehen kann. Doch: Wie **würde** es sein, wenn niemand mehr die schönen Formen benützen **würde;** und das **würde** so lange praktiziert, bis niemand mehr diese Formen kennen **würde** und sie nur noch in alten Büchern vorkommen **würden.** Wir **würden** vielleicht weniger Aufwand haben, aber die Sprache **würde** verarmen.

würde-Formen sind dennoch notwendig,
> wenn der Konjunktiv II sonst nicht als solcher erkannt würde: Wenn es **regnete, gingen** wir nicht spazieren. > Wenn es **regnete, würden** wir nicht spazieren **gehen.**
> wenn die Konjunktiv-II-Formen skurril aussähen: Ich **büke** dir einen Kuchen, wenn ich nicht in Zeitnot **stäke.**
> wenn **werden** das einzige Verb ist: Das **würde** eine teure Sache.
> wenn die Verbform im Passiv steht: Wenn hier immer wieder zu schnell **gefahren würde, würden** die Kontrollen **verstärkt.**

Übung 1

Stellen Sie Wortfelder für Einleitungsverben zusammen.

sagen, ...

antworten, ...

fragen, ...

Übung 2

Schreiben Sie in indirekte Rede um. Achten Sie auf korrekte Anwendung der Pronomen.

Verkäufer: Kann ich Ihnen helfen?

Kunde: Ich bin auf der Suche nach einer guten Idee für Tischkärtchen.

V: Haben Sie sich etwas Bestimmtes vorgestellt?

K: Das habe ich noch nicht. Mir fehlen die Ideen.

V: Worum geht es denn bei diesem Fest?

K: Wir feiern eine Taufe.

V: Da kann ich Ihnen schon einige Vorschläge machen. Es gibt eine Liste, auf der Sie sehen können, was wir alles Passendes haben.

Übung 3

Wie lauten die Konjunktiv-II-Formen? Welche empfinden Sie als eigenartig oder veraltet? Gehen Sie von der Ich-Form aus: (Wenn ich) **wüsste.**

schieben: ....   fallen: ....   trinken: ....

empfinden: ....   reden: ....   sprechen: ....

laden: ....   biegen: ....   tragen: ....

brauchen: ....   helfen: ....   befehlen: ....

Übung 4

Bringen Sie möglichst viele **würde** zum Verschwinden und setzen Sie stattdessen Konjunktiv-II-Formen.

Eine englische Zeitung überlegte in einem Artikel: Was würde geschehen, wenn über Nacht alle Menschen sterben würden oder verschwinden würden? Als Erstes, und zwar innert 24 Stunden, würden sich die bedrohten Tierarten zu erholen beginnen. (Allerdings würden zum Beispiel die Fischbestände erst in 50 Jahren wieder ihren einstigen Bestand haben.) Die Pflanzen würden ungehindert wachsen und würden sich Terrain zurückerobern, bis sie Strassen, Pfade und Häuser bedecken würden. In den Städten würden sie dazu länger brauchen, aber auch London würde in 50 Jahren weitgehend unter Pflanzen verschwinden. Bis alle Gebäude unbewohnbar werden würden, würden bis zu 200 Jahre vergehen. Von Holzkonstruktionen würde man nach etwa 100 Jahren nichts mehr sehen. Glas- und Stahlkonstruktionen würden etwa nach der doppelten Zeitdauer zerfallen. Von den Backstein- und Betongebäuden würden in 1000 Jahren nur noch Ruinen übrig bleiben. Ebenfalls 1000 Jahre würden vergehen, bis sich keine Spuren des Klimawandels mehr feststellen lassen würden. In 20 000 Jahren würde es praktisch keine sichtbaren Spuren des Menschen mehr geben. Und wenn in 50 000 Jahren fremde Wesen auf der Erde landen würden, würden sie von den Menschen ausser einigen radioaktiven Abfällen und chemischen Produkteresten kaum mehr Spuren finden. Erst nach 200 000 Jahren würde man von den Überresten unserer Zivilisation gar nichts mehr sehen.

Aktiv/Passiv

Wie die Bezeichnungen *aktiv/passiv* es schon sagen, so wirken auch die Formen, wenn sie angewendet werden.
Aktive Formen *wirken* direkter, frischer und dynamischer.
Passive Formen *werden* oft als schwächer, weniger scharf oder verschleiernd *empfunden*.

Nach Möglichkeit setzt man aktive Formen ein,

> wenn man Handlungen und Vorgänge beschreibt, bei denen bekannt ist, wer was tut oder was genau abläuft.
> **Das Kind fiel auf der Rolltreppe hin und schrie auf, doch die Rolltreppe fuhr immer weiter nach unten. Erst als eine Frau auf den Notknopf drückte, stand die Treppe still.**

> wenn der Urheber einer Handlung im Zentrum steht oder man ihn hervorheben will.
> **Der Gemeinderat hat die Strasse sperren lassen.**

Das Passiv wird vor allem dann eingesetzt,

> wenn die behandelte Person oder Sache in den Mittelpunkt gesetzt werden soll.
> **Der Übeltäter wurde von der Polizei verhaftet.**

> wenn der Urheber einer Handlung als nicht so wichtig angesehen wird oder nicht genannt werden kann, weil er unbekannt ist.
> **Als Erstes wurde eine genaue Untersuchung des Vorfalles angeordnet.**

> wenn allgemeine Regelungen oder Gewohnheiten beschrieben werden sollen.
> **Arbeitszeugnisse werden nicht verschickt, sondern nur persönlich abgegeben.**

Das Passiv sollte nicht dazu verwendet werden, Personen zu «verstecken». Man darf Personen oder Dinge ruhig beim Namen nennen.
Zu Hause wird zuerst ein kühles Getränk aus dem Kühlschrank geholt und ein wenig am Computer gespielt.
Also: **Zu Hause hole ich zuerst ein kühles Getränk aus dem Kühlschrank und spiele ein wenig am Computer.**

Auch Aufforderungen tönen in der aktiven Form (**Bitte rauchen Sie im Büro nicht**) weit angenehmer als in der passiven (**Im Büro wird nicht geraucht**).

Wie unpersönlich die Passivformen wirken, zeigte sich einmal an der Kasse einer deutschen Autobahnraststätte, wo ein Kunde mit einem Sandwich und einer Getränkedose an die Reihe kam. «Wurde noch getankt?» – «Nein.» – «Wird das Brötchen gleich hier gegessen?» – «Nein.»
In diesem Fall **wäre es vom Kunden bestimmt als höflicher empfunden worden, wenn Aktivformen gebraucht worden wären.** Oder besser ausgedrückt: **Der Kunde hätte es bestimmt als höflicher empfunden, wenn die Kassiererin Aktivformen gebraucht hätte.**

Übung 1

Formen Sie die Sätze um von Passiv zu Aktiv oder von Aktiv zu Passiv. (Zeiten nicht verändern!)
Vergleichen Sie die beiden Varianten: Wie unterscheiden sie sich in der Wirkung?

1. Das Essen war von der kleinen Schwester ausgesucht worden.

   ....

2. Zuerst werden die Rechnungen fertiggestellt, ehe wir Pause machen.

   ....

3. Man musste den Strom für zwei Stunden abstellen.

   ....

4. Nach zweitägiger Suche hat man die vermissten Bergsteiger gefunden. Weil es aber zu dunkel war, wird
    man sie erst morgen aus ihrer misslichen Lage befreien.

   ....

   ....

5. Vom gemischten Chor werden jetzt zwei Lieder gesungen.

   ....

6. Franz Freitag gewann das erste Skirennen der Saison.

   ....

7. Vom Wetterbericht ist Regen vorhergesagt worden.

   ....

8. Eine Haftung kann von uns dafür nicht übernommen werden.

   ....

9. Wir werden Sie in den nächsten Tagen anrufen.

   ....

10. Um 10 Uhr wurde Pause gemacht. Es wurde Kaffee getrunken und diskutiert.

   ....

11. Alle Kunden mussten benachrichtigt werden, weil die Rechnungen aus Versehen zweimal verschickt wor-
    den waren.

   ....

   ....

12. Man hat die gestrandeten Passagiere in umliegenden Hotels untergebracht.

   ....

Übung 2

Wie wirkt diese Schilderung auf Sie?
Schreiben Sie alle passiven Formen in aktive um und vergleichen Sie die Varianten.

Weihnachten ist ein wunderschönes Fest bei uns. Am Nachmittag wird der Weihnachtsbaum von meinem
Vater in der Stube aufgestellt. Dann wird er von mir und meiner Schwester geschmückt. Inzwischen wird von
der Mutter in der Küche ein leckeres Abendessen gekocht. Wenn es draussen dunkel geworden ist, werden
die Kerzen angezündet und im Schein der brennenden Kerzen wird gegessen. Nachdem auch noch ein feines
Dessert verspeist worden ist, setzen wir uns in die Stube. Zuerst wird von der Mutter die Weihnachtsgeschichte
vorgelesen, dann wird von meiner Schwester etwas auf dem Klavier vorgespielt. Manchmal wird sie von mir auf
der Gitarre begleitet. Anschliessend werden gemeinsam einige Weihnachtslieder gesungen. Und nun ist der
grosse Moment da, der von allen so herbeigesehnt worden ist: Die Geschenke werden ausgepackt. Die Freude
ist bei allen gross. Nachdem allen gedankt worden ist, wird zum Ausklang meist noch ein Film geschaut.

Erzählzeiten

Die deutsche Sprache kennt für das Verb sechs grammatische Zeiten. Es ist für Schweizerinnen und Schweizer nicht einfach, sich darin zurechtzufinden, denn das Schweizerdeutsche kommt mit nur zwei Zeiten aus. Gegenwart und Zukunft werden mit Präsensformen ausgedrückt; das Perfekt übernimmt alles Vergangene. Gelegentlich kommt ein Futur vor (Ich wirde dir's morn säge). Daneben gibt es in gewissen Dialekten eine Art Vorzeitigkeit des Perfekts (Er het nüt gmerkt gha).
Beim Schreiben muss man daher der korrekten Verwendung der Zeiten besondere Beachtung schenken.

Erzählform Präteritum

In der Regel wählt man für eine Erzählung, Reportage, Schilderung oder einen Bericht das Präteritum. Dinge, die noch vor den beschriebenen Ereignissen geschehen sind (Vorzeitigkeit), werden ins Plusquamperfekt gesetzt:

Der Lehrer *wollte* wissen, wer die Aufgaben nicht *gemacht hatte.*

Schreiben wir in der Vergangenheit, kann das Perfekt nicht verwendet werden.

Erzählform Präsens

Das Präsens bewirkt, dass das, was wir erzählen, spontaner, unmittelbarer, spannender wird. Deshalb wird es mit Vorliebe zum Beispiel bei Witzen angewendet (Da **kommt** einer in ein Geschäft und **fragt** den Verkäufer …).

Wenn wir im Präsens erzählen, ist das, was vorher geschehen ist, ins Perfekt zu setzen:

Die Lehrerin *will* wissen, wer die Aufgaben nicht *gemacht hat.*

Basiszeiten nicht mischen

Es ist wichtig, dass man beim Schreiben die Basiszeiten (Präsens und Präteritum) nicht mischt. Wer also im Präsens schreibt, wechselt nicht ins Präteritum; wer das Präteritum als Grundzeit gewählt hat, bleibt dabei, und zwar auch dann, wenn gewisse Dinge heute noch stimmen. Zum Beispiel: Als Kind **hatte** ich grossen Respekt vor dem Herrn, der im Haus nebenan **wohnte.** (Auch wenn der Herr heute noch nebenan wohnt.)

Futur-Formen

Die Futur-Zeitformen können neben Zukünftigem auch Möglichkeiten/Vermutungen ausdrücken. Ein Futur II drückt öfter eine Vermutung über geschehene Dinge als eine eigentliche Vorzukunft aus.

Futur I als Vermutung: Warum nimmt sie das Telefon nicht ab? – Sie **wird** draussen im Garten **sein.**

Futur II als Vermutung: Wie ist der Unfall passiert? – Der Fahrer **wird** zu schnell **gefahren sein.** Er **wird** einen Moment nicht **aufgepasst haben.**

Übung 1

Erzählen Sie mit der Basiszeit Präsens.

Sonja (verlassen) .... das Zimmer. Sie (ihre Freundin/besuchen) ....

...., aber nun (untersuchen/der Arzt/sie) ...., und

da (können) .... Sonja natürlich nicht bleiben. Darum (sie/sich verabschieden) ....

.... Draussen (die Sonne/ scheinen) ...., und

die Vögel (singen) .... Und ihre Freundin Nadine (liegen/im Spital) ....

..........................., weil sie sich in der Turnstunde das Bein (brechen) .... Sonja (haben)

.... noch etwas Zeit. Der 3-Uhr-Zug nach Zürich (schon/abfahren), ...

.... und der nächste (erst um 4 Uhr/fahren) .... Da

(sie/stehen bleiben) .... (nicht/jemand/ihren Namen/rufen) ....

...........................? Sie (sich umdrehen) .... Es (sein/Tobias) ....,

der sie (erkennen) .... und ihr jetzt (winken) ....

Übung 2

Erzählen Sie die Geschichte nun mit der Basiszeit Präteritum.

Sonja (verlassen) .... das Zimmer. Sie (ihre Freundin/besuchen) ....

...., aber nun (untersuchen/der Arzt/sie) ...., und

da (können) .... Sonja natürlich nicht bleiben. Darum (sie/sich verabschieden) ....

.... Draussen (die Sonne/ scheinen) ...., und

die Vögel (singen) .... Und ihre Freundin Nadine (liegen/im Spital) ....

..........................., weil sie sich in der Turnstunde das Bein (brechen) .... Sonja (haben)

.... noch etwas Zeit. Der 3-Uhr-Zug nach Zürich (schon/abfahren), ...

.... und der nächste (erst um 4 Uhr/fahren) .... Da

(sie/stehen bleiben) .... (nicht/jemand/ihren Namen/rufen) ....

...........................? Sie (sich umdrehen) .... Es (sein/Tobias) ....,

der sie (erkennen) .... und ihr jetzt (winken) ....

Übung 3

Richtig oder falsch? Verbessern Sie die falschen Verbformen.

1. Man konnte es den Leuten ansehen, dass sie schon lange auf diesen Augenblick gewartet haben.

   ....

2. Ich war sehr stolz, dass ich es endlich geschafft habe. ....

3. Nachdem wir uns voneinander verabschiedet hatten, machten wir uns auf den Heimweg.

   ....

4. Sie brachte das Geld, das sie sparte, zur Bank und zahlte es dort auf ihr Sparkonto ein.

   ....

5. Ich konnte mir gar nicht mehr vorstellen, dass ich noch vor kurzer Zeit so grosse Angst gehabt hatte.

   ....

6. Ich merkte plötzlich, dass ich viel Geld für das Handy ausgab. Ich war irritiert, als ich sah, wie viel es ist.

   ....

7. Kurz nach Janines Geburt starb ihr Vater und vier Jahre später auch die Mutter, welche wieder heiratete.

   ....

Adjektiv

Das Adjektiv macht Sprache farbig. Während Verben Handlungen ausdrücken, erzählen, was abläuft, und Nomen sagen, um wen oder was es geht, trägt das Adjektiv die Farbe bei.

Wie Adjektive Wirkung entfalten

An einem Montagmorgen fuhr ein Mädchen mit seinem Fahrrad die Strasse hinunter und erblickte eine Frau, die eine Tasche trug, aus welcher ein Hund hervorblickte.

Diese Situation kann man sich zwar gut vorstellen. Adjektive machen das Ganze aber noch intensiver:

An einem *trüben* Montagmorgen fuhr ein *aufgewecktes, etwa zehnjähriges* Mädchen mit seinem *neuen, roten* Fahrrad die *regennasse* Strasse hinunter und erblickte eine *ältere* Frau, die eine *grosse und offenbar ziemlich schwere* Tasche trug, aus welcher ein *kleiner, struppiger* Hund hervorblickte.

Wie viel deutlicher nimmt man nun die Atmosphäre und die geschilderten Personen wahr.

Allerdings geht es nicht darum, um jeden Preis alle Dinge, Personen und Vorgänge mit Adjektiven zu verzieren.

Allerweltsadjektive (schön, gross, gut ...) sollen sparsam oder gar nicht angewendet werden. Hingegen sorgen differenzierte, treffende Adjektive für deutliche und plastische Aussagen.

Daneben gilt es, sich einer wichtigen Tatsache bewusst zu sein: Ein einfaches, aber treffendes Adjektiv ist wirksamer als ein abgedroschenes «Hammer-Adjektiv» wie wahnsinnig, total oder sagenhaft. (Super ist übrigens kein Adjektiv, ebenso wenig wie riesen. Ein super Gefühl nach dem riesen Krampf ist falsch. Richtig wäre, wenn schon: ein Supergefühl nach einem Riesenkrampf.)

Adjektiv-Arten

Wir unterscheiden

> *absolute Adjektive:* Sie bedeuten für alle Sprachbenutzer dasselbe. Ein runder Tisch ist für alle gleich rund. Bei einer schriftlichen Prüfung müssen alle etwas schreiben.

> *relative Adjektive:* Wie lang ist lang?
> Ein 30 cm langer Bleistift ist lang; eine 30 cm lange Schnur ist kurz. Die Länge hat etwas mit der Norm zu tun. Ein Bleistift ist normalerweise kürzer als 30 cm, eine Schnur hingegen ist länger.

> *subjektive Adjektive:* Die sprechende Person qualifiziert etwas nach ihrem Geschmack. Ein spannendes Buch ist für einen anderen vielleicht langweilig. Eine gute Musik-Band ist für jemand anderen schlecht.

54

Übung 1

Finden Sie das zutreffende Adjektiv.

1. Es war ein besonders dreister/kniffliger/vermessener/unumwundener/vordringlicher Einbruch am hell-lichten Tag.
2. Es ist nebulös/schleierhaft/unerklärt/verschleiert/verständnislos, wie der Häftling unbemerkt flüchten konnte.
3. Nach dem langen Arbeitstag streckte ich mich behaglich/bekömmlich/besonnen/gemessen/vermessen auf dem Sofa aus.
4. Der Chef musste den Kunden beschwichtigen, der wegen der erneuten Verzögerung sehr aufgebracht/aufgedreht/aufgefahren/aufgeflogen/aufgetakelt war.
5. Als der dubiose Typ mir 20 % Rendite versprach, wurde ich endgültig apathisch/argwöhnisch/missmutig/ungetreulich/zweifelhaft.
6. Du darfst viel mutiger zupacken! Sei nicht so rückständig/unmutig/vergriffen/vorgeschoben/zaghaft.
7. Seit der Kleine einmal dafür belohnt wurde, ist er ganz erklecklich/erpicht/verpönt/verschroben/versonnen darauf, weitere Botengänge für die Grossmutter zu tätigen.
8. Es tut mir leid, meine Kenntnisse auf diesem Gebiet sind nur sehr einheitlich/fundiert/grundsätzlich/komplementär/rudimentär.

Übung 2

Erklären Sie die restlichen Adjektive in Übung 1 mit Synonymen oder Beispielen.

Übung 3

Welches Adjektiv aus der Liste beschreibt das vordere am besten?

1. Ein **verwegener** Plan ist begründet/komplex/tollkühn/unübersichtlich/vermurkst.
2. Ein **nachsichtiger** Chef ist draufgängerisch/streng/tolerant/unvorsichtig/voreilig.
3. Ein **vierschrötiger** Kerl ist gewandt/hinterlistig/stämmig/ungehobelt/vielseitig.
4. Ein **saumseliger** Mensch ist erfreut/pflichtvergessen/pünktlich/vertrauensvoll.
5. Ein **einsilbiger** Mensch ist dumm/flink/schweigsam/unflexibel/uninteressiert.
6. Eine **langwierige** Sache ist arbeitsintensiv/lohnend/uninteressant/zeitaufwendig.
7. Ein **bekömmliches** Essen ist billig/einfach/gratis/unverdient/wohltuend.
8. **Horrende** Kosten sind noch unbekannt/nur geschätzt/sehr hoch/unausweichlich.

Übung 4

Redensarten. Wie lauten die fehlenden Adjektive?

1. In diesem Tempo kommen wir nie auf einen .... Zweig.
2. Stille Wasser sind ....
3. Nachts sind alle Katzen ....
4. Das ist nur ein Tropfen auf den .... Stein.
5. Der .... Mann denkt an sich selbst zuletzt.
6. Der Weg zur Hölle ist mit .... Vorsätzen gepflastert.
7. Lügen haben .... Beine – .... währt am längsten.
8. Wir wurden von unseren Freunden mit .... Armen empfangen.
9. Am Flughafen erschienen die Fans in .... Scharen, als die Pop-Gruppe ankam.
10. Auf dem Jahrmarkt herrschte ein .... Treiben.

Steigerung des Adjektivs

Die meisten Adjektive können gesteigert werden. Doch es gibt auch Adjektive, bei denen eine Steigerung nicht oder zumindest nur in gewissen Fällen möglich ist. Das sind meistens die absoluten Adjektive. Es ist z. B. nicht möglich, zu sagen, ein Tisch sei *runder* als ein anderer, eine Fliege *toter* als eine andere.
Es gibt jedoch Adjektive, die zwar absolut sind, aber im Sprachgebrauch trotzdem gesteigert werden. So ist für uns wahrscheinlich jemand, der in den Bach gefallen ist, *nasser* als derjenige, der kurz durch den Regen gerannt ist. Oder wir stellen fest, dass der Bus heute *voller* ist als gestern.

Superlativ-Adjektive

Es gibt Adjektive, welche schon einen Superlativ ausdrücken. Optimal bedeutet: Besser geht's nicht. Zentral bedeutet: Etwas befindet sich im Zentrum, in der Mitte. Also kann man sich nicht noch optimaler vorbereiten, oder eine Wohnung kann nicht an zentralster Lage sein.

Falsche Steigerung

Bei einigen Steigerungsformen muss man sich im Klaren sein, dass sie in gewissen Fällen gerade das Gegenteil von dem ausdrücken können, was eigentlich gesagt wird. Wenn eine alte Frau 80 Jahre alt ist, müsste eine ältere Frau eigentlich 90-jährig sein. Die ältere Frau ist aber *jünger* als die alte Frau, nämlich etwa 70.

Verstärkte Adjektive

Man kann viele Adjektive verstärken, indem man ihnen ein Wort voranstellt. Statt sehr hübsch sagt man dann bildhübsch, statt sehr gross sagt man riesengross. Allerdings sollte man dabei auf abgedroschene Verstärkungen verzichten: sauschnell, superklein, megareich, sackbillig oder extrem anständig wirken hohl gegenüber blitzschnell, klitzeklein, steinreich, spottbillig und grundanständig.

Hinweis zur Steigerung

Viele einsilbige Adjektive haben in der Steigerungsform einen Umlaut. Davon ausgenommen sind folgende, im Schweizerdeutschen teilweise mit Umlaut gesteigerte Adjektive: brav, dunkel, flach, froh, gerade, mager, rund, schlank, stolz, stumpf, toll, wohl, zahm, zart.
Ebenfalls ohne Umlaut steigert man Adjektive mit au im Stammlaut. Vom Schweizerdeutschen her klingen uns vielleicht Formen wie schläuer oder bläuer in den Ohren, korrekt heisst es jedoch schlau – schlauer – schlauste, blau – blauer – blauste.

Übung 1

Welche Steigerungsformen sind möglich? Verbessern Sie, was falsch ist.

1. Vom Gipfelrestaurant aus hat man die einzigartigste Aussicht auf die Berge.
2. Sie müssen den Brief noch knapper formulieren.
3. Die verblüffendste Darbietung bot ein erst 16-jähriges Mädchen.
4. Das Hotel befindet sich an zentralster Lage, direkt neben dem Bahnhof.
5. Gibt es keine direktere Verbindung nach Paris?
6. Ein Fingerabdruck war der eindeutigste Beweis, dass er der Einbrecher war.
7. Unser Torhüter war der hervorragendste im ganzen Turnier.
8. Wir hatten uns diesmal optimaler auf die Saison vorbereitet als letztes Jahr.
9. Im Juli gibt es am Gotthard die endlosesten Autokolonnen des ganzen Jahres.
10. Sie war weit und breit die Einzigste, die sich zur Verfügung stellte.
11. Er gehört zu den erfahrensten Experten auf seinem Gebiet.
12. Für die Bergtour herrschte das idealste Wetter, das man sich denken konnte.

Übung 2

Welche Steigerung drückt Ihrer Meinung nach das Gegenteil aus?
1. Herr Senn, ich habe ein kleineres Problem, das wir besprechen müssen.
2. Sie hat sich für die Saison eine teurere Jacke gekauft.
3. Der Test wurde unter schlechteren Bedingungen durchgeführt.
4. Wegen eines Stromausfalls gab es eine längere Pause.
5. Für einen solchen Anhänger benötigt man ein stärkeres Auto.
6. In der Kasse fehlte am Abend ein grösserer Betrag.
7. Viele Konsumenten schimpfen über die höheren Preise.

Übung 3

Verstärken Sie die Adjektive.

Tresor-Ede hatte von seinem Kollegen Willi einen ....heissen Tipp bekommen. Eine ....
sichere Sache sei das, hatte Willi ....frech behauptet. Normalerweise hatte Willi es ....
dick hinter den Ohren. Aber diesmal schien Ede ....gerade in eine Falle gelaufen zu sein. Der
Einstieg ins Haus, das in einer ....verlassenen Gegend lag, war ihm zwar ....schnell
gelungen. Es war auch ....leicht gewesen, den ....alten Tresor zu öffnen. Und der war
......................voll mit schönem Geld – na ja, das waren auch ....reiche Leute. Aber irgendwie
musste ....heimlich ein Alarm ausgelöst worden sein, denn plötzlich wurde das Zimmer durch
Autoscheinwerfer ....hell erleuchtet. Und man musste schon ....taub sein, die Sirenen
nicht zu hören! Es war ....klar: Die Polizei war im Anmarsch. Ede war ....sauer auf sich
selbst. Wie hatte er nur so ....dumm sein können, ...fest überzeugt zu sein, dass der
Tresor nicht gesichert war?
Es war zwar ....schade, eine so schöne Beute zurückzulassen, aber seine Lage war ....
gefährlich geworden. Er sprang aus dem Fenster und rannte ....flink durch den ....
dunklen Garten. Dank des Platzregens sah ihn niemand, dafür wurde er ....nass. Er sah einen
Schuppen. Zum Glück war er ....schlank und konnte sich dort durch ein kleines Fenster zwängen.
Nun stand er ....still in der ....schwarzen Finsternis des Schuppens und dachte, er
könne ....froh sein, wenn man ihn nicht fand. Doch plötzlich wurde er ....bleich: Er
hörte Hundegebell! Und was das hiess, wusste Ede ....genau …

Präposition/Konjunktion

Präpositionen und Konjunktionen gehören beide zu den Partikeln. Sie haben aber unterschiedliche Funktionen.

Die Präposition

Die Präposition wird, wie es die lateinische Bezeichnung sagt (*prä* = vor/*position* = Stellung), einem Nomen oder Pronomen vorangestellt, um dieses in Beziehung zu einem anderen Nomen oder Pronomen zu bringen: **unter** dem Tisch; **mit** meinen Freunden; **nach** dem Essen; **für** dich. Es kann vorkommen, dass die Präposition hinter dem Nomen/Pronomen steht: dem Frieden **zuliebe;** der Reihe **nach;** der Sonne **entgegen.** Die Präposition setzt das Nomen/Pronomen in einen bestimmten Fall: **mit** dem Auto; **ohne** seinen Laptop (**mit** + Dativ/**ohne** + Akkusativ). «Ausgelöst» wird eine Präposition von einem Nomen (**Angst** vor), einem Verb (**sich ärgern** über) oder einem Adjektiv (**stolz** auf).

Die Schwierigkeit besteht manchmal darin, die korrekte Präposition zu kennen. Mitunter ist man unsicher: das Interesse **an/für?;** sich bewerben **für/um?** eine Stelle. Daneben gilt es in gewissen Fällen, die richtige Präposition auszuwählen: **Ich freue mich auf etwas** bedeutet nicht dasselbe wie **Ich freue mich über etwas.**

Die Konjunktion

Die Konjunktion kümmert sich nicht um Fälle oder Wortarten. Sie verbindet einfach einzelne Wörter, Wortgruppen oder ganze Sätze. (Schiller **und** Goethe; ins Kino gehen **oder** zu Hause einen Film anschauen. Sie kam zu spät zur Arbeit, **weil** der Bus im Schnee stecken geblieben war.)

Konjunktionen sind einem guten Stil dienlich, weil sie uns erlauben, mehrere Aussagen oder Sachverhalte in einem Satz unterzubringen und diese zu unterschiedlichen Zwecken miteinander zu verknüpfen:

Wir müssen länger arbeiten, **falls** diese grosse Bestellung noch eintrifft. (Bedingung)
Wir müssen länger arbeiten, **weil** so viel Ware bestellt worden ist. (Begründung)
Wir müssen länger arbeiten, **damit** wir heute noch fertig werden. (Absicht)
Wir müssen länger arbeiten, **bis** alle Pendenzen erledigt sind. (Zeitraum)
Wir müssen nicht länger arbeiten, **obwohl** wir noch nicht fertig sind. (Einräumung)

Wenn wir mit Hilfe von Konjunktionen Hauptsätze zusammenhängen, entstehen Satzverbindungen:
Der Film soll sehr gut sein, aber ich habe ihn noch nicht gesehen.
Andererseits ergeben miteinander verknüpfte Haupt- und Nebensätze ein Satzgefüge:
Ich bin sicher, dass sie uns helfen, wenn wir sie fragen.

Beachten Sie: weil-Sätze sind Nebensätze! Das Verb steht deshalb am Schluss. Obwohl man Sätze wie **Wir haben das Spiel verloren, weil wir haben zu wenig trainieren können** immer wieder hört, ist die Hauptsatz-Konstruktion falsch.

Sowohl Präposition als auch Konjunktion

Einzelne Wörter können sowohl als Präposition als auch als Konjunktion auftreten:
Seit den Ferien habe ich kein Buch mehr gelesen. (Präposition)
Seit die Ferien zu Ende sind, habe ich kein Buch mehr gelesen. (Konjunktion)
Es wurde gelacht und gescherzt **während** der Kaffeepause. (Präposition)
Es wurde gelacht und gescherzt, **während** wir beim Kaffee sassen. (Konjunktion)

Übung 1

Setzen Sie (falls nötig) eine passende Präposition und Endungen ein.

1. Es herrscht ein Mangel .... qualifiziert........ Personal..... .

2. Ich bemühe mich .... gut........ Kontakt.

3. Ich beglückwünsche dich .... dein........ Erfolg.

4. Du musst dich .... Unvermeidliche........ fügen.

5. Die Daten entnehmen Sie bitte .... d........ gedruckten Programm.

6. Viele sind gleichgültig .... d........ Umweltproblem..........

7. Ich brauche .... ihr........ Aussage........ nichts beizufügen.

8. Er vertröstet einen immer .... später.

9. Der Chef ist im Moment nicht gut .... d........ Stift zu sprechen.

10. Die Pflanze ist .... Kälte empfindlich.

11. Die Panne beruhte .... ein........ Missverständnis.

12. Wir halten Ausschau .... ein........ grösser........ Wohnung.

Übung 2

Setzen Sie passende Konjunktionen ein.

1. Am Strand bräunen sich die Leute an der Sonne, ... die Nachbarn später sehen können, ... sie in den Ferien waren.

2. Der Einbrecher gelangte ins Haus, ... er ein Fenster einschlug.

3. .... ich krank war, ging ich zur Arbeit.

4. Es gab kein Durchkommen, ... die Strasse war von einer Lawine verschüttet worden.

5. Ich bin insofern verärgert über die Verspätung, ... ich die Rechnung schon längst bezahlt habe.

6. .... bei Discobesuchen als auch beim Musikhören mit Kopfhörern strapazieren viele Jugendliche ihr Gehör so sehr, ... sie mit 30 schon schlechter hören als alte Leute mit 80.

Übung 3

Ergänzen Sie so, dass die einfachen Sätze dasselbe aussagen wie die Satzgefüge.

1. Obwohl ich mich anstrengte, gelang mir kein gutes Resultat.

   .... mein...... Anstrengungen gelang mir kein gutes Resultat.

2. Bitte schalten Sie Ihr Handy aus, bevor die Vorstellung beginnt.

   Bitte schalten Sie Ihr Handy aus ....

3. Ich warte, bis er anruft. Ich warte ....

4. Als er heimkehrte, wurde er freudig empfangen.

   .... wurde er freudig empfangen.

5. Zu lernender Stoff haftet am besten, wenn man ihn häufig repetiert.

   Zu lernender Stoff haftet am besten ....

6. Während sie nach Zürich fuhren, hatten sie einander viel zu erzählen.

   .... hatten sie einander viel zu erzählen.

7. Sie blieben unverletzt, weil sie zum Glück die Sicherheitsgurten getragen hatten.

   .... blieben sie unverletzt.

Satzbau

Beim Satzbau im Deutschen spielt die Stellung des Prädikats die Hauptrolle. Die Regel lautet: Im Hauptsatz steht das Prädikat an zweiter Stelle, im Nebensatz am Schluss. Die anderen Satzteile kann man nach eigenem Ermessen ziemlich frei anordnen.

Bau des Hauptsatzes

In einem Hauptsatz können Satzteile fast beliebig frei angeordnet werden. Wie das Beispiel zeigt, steht aber die Position des Prädikats fest.

Ich	zeigte	gestern im Büro dem Chef stolz mein Diplom.
Gestern	zeigte	ich dem Chef im Büro stolz mein Diplom.
Im Büro	zeigte	ich gestern dem Chef stolz mein Diplom.
Dem Chef	zeigte	ich gestern im Büro stolz mein Diplom.
Stolz	zeigte	ich gestern im Büro dem Chef mein Diplom.
Mein Diplom	zeigte	ich gestern im Büro stolz dem Chef.

Von diesen Varianten klingt keine unschön.

Bau des Nebensatzes

Auch bei einem Nebensatz gibt es Freiheiten beim Anordnen der Satzteile:
Ich habe sie gefragt, ob sie

mir alle Bestellungen bis morgen nach Eingang geordnet auf mein Pult	legen könne.
alle Bestellungen mir bis morgen nach Eingang geordnet auf mein Pult	legen könne.
bis morgen mir alle Bestellungen nach Eingang geordnet auf mein Pult	legen könne.
nach Eingang geordnet alle Bestellungen mir bis morgen auf mein Pult	legen könne.
auf mein Pult mir alle Bestellungen nach Eingang geordnet bis morgen	legen könne.

Alle Varianten sind denkbar, wenn auch die letzten beiden etwas weniger natürlich klingen.

Vorteile des flexiblen Satzbaus

Dass der Satzbau in Bezug auf die Stellung der einzelnen Satzteile im Deutschen flexibel ist, kann man sich zunutze machen:

> Man braucht nicht alle Sätze gleich aufzubauen, wodurch Abwechslung entsteht.
> Wenn man Satzgefüge nicht jedes Mal mit dem Hauptsatz beginnt, sondern ab und zu den Nebensatz voranstellt, führt auch dies zu einem abwechslungsreichen Stil.
> Derjenige Satzteil, der an den Anfang gestellt wird, bekommt ein grösseres Gewicht. Also kann man durch die Satzstellung auch die Aussage in einem gewissen Mass beeinflussen.

Falsch ist es, einen Satzteil gleichzeitig als Subjekt und Objekt einzusetzen, wie folgendes Beispiel zeigt: **Eine Tafel Schokolade** erhielten wir als Belohnung und schmeckte uns wunderbar.

Infinitiv statt Nebensatz

Infinitivsätze haben kein konjugiertes Prädikat: Die Polizei forderte die Leute auf, **alle Fenster zu schliessen.**
Es ist nicht ganz korrekt, wenn ein Infinitiv gesetzt wird, wo ein ganzer Nebensatz (Konjunktionalsatz) am Platze wäre. So äusserte sich ein Journalist im Bericht über ein Fussballspiel einmal folgendermassen: Die Schweizer haben bewiesen, der anderen Mannschaft Probleme **bereiten zu können.**
Korrekter hätte das gelautet: Die Schweizer haben bewiesen, dass sie der anderen Mannschaft Probleme bereiten können.

Übung 1

Schreiben Sie folgende Hauptsätze so um, dass jedes Mal ein anderer Satzteil am Anfang steht. Wie wirken die verschiedenen Varianten in ihren Aussagen?

1. Die grauen Wände/sehen/im trüben Licht/leider/trist/aus.

....

....

....

2. Heftige Gewitter/führten/gestern/in der Schweiz/vielerorts/zu Überschwemmungen.

....

....

....

Übung 2

Schreiben Sie den Text neu, indem Sie die kurzen Hauptsätze zu abwechslungsreichen Satzgefügen oder Satzverbindungen zusammenfügen. Die Abfolge der einzelnen Sätze kann auch umgestellt werden.

Ich war sehr erleichtert. Die Uhr zeigte endlich fünf Uhr an. Der Moment war da. Ich hatte schon lange darauf gewartet. Es war Feierabend. Ich wollte schnell nach Hause eilen. Ich wollte mich für einen schönen Abend bereit machen. Meine Freunde hatten mich gestern angerufen. Sie wollten sich verabreden. Der Zirkus war ins Dorf gekommen. Wir wollten uns die Vorstellung ansehen. Wir trafen uns um halb sieben. Wir gingen zuerst eine Pizza essen. Dann begaben wir uns zum Dorfplatz. Dort war der Zirkus aufgebaut. Die Eintrittskarten hatten wir gestern schon gekauft. Wir wollten die Vorstellung auf keinen Fall verpassen. Ich freute mich auf den Besuch. Ich war schon lange nicht mehr im Zirkus gewesen. Wir betraten das Zelt. Kindheitserinnerungen wurden in mir wach. Ich erblickte den Clown in der Manege. Er unterhielt das Publikum schon vor Beginn der Vorstellung. Da fiel es mir wieder ein. Ich hatte als Kind auch immer ein Clown werden wollen.

Übung 3

Ersetzen Sie die unschönen Infinitivkonstruktionen durch konjunktionale Nebensätze.

1. Kurz zuvor hatte der Präsident zugesagt, Truppen zu Hilfe zu schicken.

....

2. Er glaubt nicht, diese Sportart bald aufzugeben.

....

3. Sie vertreten die Meinung, das Vorhaben zu bekämpfen.

....

4. Er sagte, nichts davon gewusst zu haben.

....

Übung 4

Korrigieren Sie die folgenden falschen Verknüpfungen.

1. Das Bild hat mein Onkel gekauft und hängt jetzt in seinem Wohnzimmer.

....

2. Die Nachbarin überraschte mein Angebot, nahm es aber dankbar an.

....

3. Das Budget genehmigten die Mitglieder diskussionslos und weist nun einen Gewinn aus.

....

Relativsätze

Relativsätze sind Nebensätze, *die/welche* mit einem Relativpronomen eingeleitet werden. Sie sind ein praktisches Stilmittel, *dessen* man sich bedienen kann, um Aussagen zu erweitern oder zu erläutern.

Die Platzierung von Relativsätzen

Relativsätze können einem Hauptsatz angehängt werden und ihn so ergänzen:
Wir nehmen den Zug, *der kurz vor 11 Uhr in Zürich ankommt.*
Sie können auch in den Hauptsatz hineingesetzt werden:
Bestellungen, *welche nach dem 18. Dezember eintreffen,* **können vor Weihnachten nicht mehr ausgeliefert werden.**

Es ist auch möglich, einen Satz mit einem Relativsatz zu beginnen. Allerdings wirkt dies meistens holprig:
Was stilistisch unschön ist, **ist, wenn man den Relativsatz an den Anfang eines Satzgefüges stellt.**

Der korrekte Bezug des Relativpronomens

Bei Satzgefügen mit Relativsätzen ist darauf zu achten, dass der Bezug des Relativpronomens stimmt. Ein Relativpronomen bezieht sich stets auf das letztgenannte Nomen im Hauptsatz. Wenn gegen diese Regel verstossen wird, können peinliche Zweideutigkeiten entstehen:
Wegen der grossen Hitze fielen mehrere Soldaten an der Parade in Ohnmacht, die zu Ehren des Königs veranstaltet worden war.
Ich schaue die Fotos meiner Freunde an, die an der Wand hängen.

Relativpronomen plus Präposition

Wenn das Relativpronomen auf ein Nomen bezogen ist, darf es nicht mit einer Präposition verbunden sein, sondern muss getrennt stehen:
Das ist ein *Problem,* **mit dem (nicht:** *womit***) wir nicht gerechnet haben.**

Zusammengezogen wird,
> wenn auf ein indefinites Pronomen Bezug genommen wird:
  Alles, wofür er sich interessiert, ist der Sport.
> wenn das Bezugswort ein alleinstehender Superlativ ist:
  Ist dies **das Beste,** womit Sie dienen können?
> wenn auf den ganzen Hauptsatz Bezug genommen wird:
  Er will mit einigen Kollegen in die Ferien gehen, wogegen seine Eltern nichts einzuwenden haben.
> nach dem Demonstrativpronomen **das:**
  Das, worauf ich mich am meisten freue, ist die Reise nach Italien.

Übung 1

Erweitern Sie die **Attribute** zu Relativsätzen.

1. Die **im 17. Jahrhundert erbaute** Kirche ist ein beliebtes Fotosujet.

....

2. Die **von Ihnen bei uns angeforderten** Muster schicken wir nächste Woche ab.

....

3. Das ist ein **nicht von allen Anwesenden unterstützter** Vorschlag.

....

4. Den **jeden Monat auf ein Sparkonto überwiesenen** Teil des Lohnes werde ich im Juli für die Sommer-
   ferien beziehen.

....

Übung 2

Schreiben Sie die Sätze so um, dass am Anfang kein Relativsatz steht.

1. Was viele ihrer Freunde nicht verstehen, ist, dass sie gerne mit ihren Eltern in die Ferien geht.

....

2. Etwas, was mir aufgefallen ist, ist, dass sich die Leute über so vieles beklagen.

....

3. Was ich auch schlimm finde, ist, dass niemanden der herumliegende Abfall stört.

....

4. Was mich beeindruckt, ist, wie dieser alte Mann die Jugend so gut versteht.

....

5. Womit ich nicht einverstanden bin, ist die neue Ferienregelung.

....

Übung 3

Setzen Sie Relativpronomen und Präpositionen ein.

1. Es gibt nichts, ... unser Chef mehr Wert legt als Pünktlichkeit.
2. Prüfungen, ... ich mich gut vorbereitet habe, machen mir keine Angst.
3. Ein Leben ohne Handy wäre für viele Leute das Schlimmste, ... sie sich fürchten müssten.
4. Es ist doch nur eine Kleinigkeit, ... du dich so ärgerst.
5. Das Langweiligste, ... ich mich herumschlagen muss, ist das Verpacken von Werbematerial.

Übung 4

Verbessern Sie die missglückten Bezüge.
1. Es war ein Brief meines Kollegen Sandro, der im Briefkasten auf mich wartete.

....

2. Am Abend treffen wir uns in Tante Brigittes Stube, die kürzlich geheiratet hat.

....

3. Ein Kunde kommt kurz vor Mittag an den Schalter, den ich in Empfang nehme.

....

Bedeutungselemente in den Wörtern (Semantik)

Wörter haben nicht nur eine äussere Form (bestehend aus Buchstaben und/oder Lauten), sondern auch einen Inhalt, mit dem sie etwas beschreiben.
Die *Grammatik* befasst sich mit der äusseren *Form* von Wörtern (z. B. Pluralformen, Konjugation). Die *Semantik* geht auf den *Wortinhalt* ein. Ein Wortinhalt kann aus verschiedenen Komponenten bestehen.

Beispiele für Bedeutungsmerkmale

Im Nomen **Zwerg** stecken mehrere Merkmale:

> Ein Zwerg ist ein Lebewesen.
> Als Fabelwesen gibt es ihn nur in der Fantasie der Menschen.
> Ein Zwerg ist klein gewachsen.
> Er ist nicht wie ein Tier, sondern wie ein Mensch.
> Zwerge tragen eine Zipfelmütze und haben ziemlich sicher einen Bart.

Auch in Adjektiven und Verben stecken natürlich Bedeutungselemente. So kann **seicht** nur ein Gewässer sein und **wimmeln** kann es nur, wenn es um eine grosse Anzahl von Lebewesen oder Dingen geht **(Im Diktat wimmelt es von Fehlern)**. Wenn es von Lebewesen **wimmelt,** sind diese zusätzlich in ziemlich emsiger Bewegung **(In der Stadt wimmelte es von Menschen)**. Manchmal sind die Unterschiede zwischen Wörtern gering. Wie unterscheiden sich **flicken** und **reparieren,** eine **Schachtel** und eine **Kiste,** ein **Brett** und eine **Planke, unbeirrbar** und **unbeirrt?**

Semantik bewusst einsetzen

Wer sich bewusst ist, dass in den Wörtern verschiedene inhaltliche Elemente stecken, kann sich diese Erkenntnis stilistisch zunutze machen und gezielt Wörter und Ausdrücke wählen, welche gewünschte Inhalte präzise wiedergeben.
Semantische Elemente können also absichtlich eingesetzt werden: Qualifiziert man einen Mitarbeiter als **stur, pedantisch, rechthaberisch, ehrgeizig und nörglerisch,** macht er einen schlechten Eindruck. Beschreibt man ihn jedoch als **beharrlich, exakt, konsequent, zielbewusst und kritisch,** macht er einen viel positiveren Eindruck, obwohl genau der gleiche Mitarbeiter mit den gleichen Eigenschaften beschrieben wird.

Metaphern

Manchmal werden gewisse semantische Bedeutungselemente eines Wortes auf einen anderen Begriff übertragen, wo sie eigentlich nicht hingehören, aber dennoch passen. In diesem Fall kommen wir ins Gebiet der Metaphern. **Weinen** können nur Menschen, und doch kann man sagen: **Der Himmel weint.** Das übertragene semantische Element ist hier die Tatsache, dass Tropfen fallen. Der Löwe ist der **König der Tiere.** Könige gibt es zwar nur bei den Menschen, aber das majestätische Auftreten wird als semantisches Element in die Tierwelt übernommen.
Mit einem umfangreichen Wortschatz kann man sich entsprechend differenziert ausdrücken. Daher ist es wichtig, dass man sich einen breiten Wortschatz aufbaut und diesen auch aktiv pflegt. Wer häufig liest und schreibt, nimmt einen umfangreichen Wortschatz auf und setzt ihn auch wieder selbst ein. Es kann hilfreich sein, den Wortschatz zu erweitern, wie wenn man eine Fremdsprache lernt, indem man Wörterlisten erstellt. Auch Wortfelder können beim Aufbau und Ausbau des individuellen Wortschatzes gute Dienste leisten.

Übung 1

Welches sind die semantischen Unterschiede zwischen den Wortpaaren?
Beispiel: Tram/Zug: Tram: auch auf einer Strasse/innerorts/viele Haltestellen/schmale Spur

1. zittern/schlottern ....
2. verletzt/verwundet ....
3. hinken/humpeln ....
4. schreien/brüllen ....
5. stur/hartnäckig ....
6. Strand/Küste ....
7. stossen/drücken ....
8. Hochzeit/Heirat ....
9. schmal/eng ....
10. laut/lärmig ....
11. zeichnen/malen ....
12. Brett/Latte ....

Übung 2

Warum kann man es nicht so sagen? Finden Sie die semantischen Fehler.
Beispiel: Es schepperte, und das Glas war in tausend Stücke zersprungen.
scheppern ist zwar ein Geräusch, klingt aber blechern und passt nicht zu Glas.

1. Die Lehrerin verteilte mir ein Blatt Papier mit Übungen.
2. Ein offenbar herrenloser Hund schlenderte die Strasse entlang.
3. Ich suchte lange, bis ich die Nadel fand, die vom Tisch gestürzt war.
4. Sonja, du hast einen Sprung im Ärmel deiner Bluse.
5. Unser Sohn ist sehr weise. Er ist erst fünfjährig und kann schon lesen.
6. Als er den Löwen erblickte, krabbelte der Forscher rasch auf einen Baum.
7. Ich freue mich immer, am Samstagabend in die Stadt auszuschwärmen.
8. Schau mal, wie schön die Schneeflocken vom Himmel purzeln.
9. Räum den Tisch ab. Für das Dessert kriegt ihr einen anderen Napf.
10. Ab nächstem Jahr bekomme ich pro Monat 200 Franken mehr Belohnung.
11. Ich habe die Rechnung im Papierkorb gefunden. Darum ist sie so runzlig.
12. Kaum hat man die Windschutzscheibe gefegt und fährt weiter, kracht wieder eine Fliege hinein.
13. Sie mochte die Suppe nicht, deshalb knabberte sie nur ein wenig daran.
14. Ich kroch ins Bett, schloss die Bettdecke und schlief sofort ein.
15. Ein schadenfrohes Strahlen erschien auf seinem Gesicht.
16. Dieses Computerprogramm ist sehr begabt; es findet alle Rechtschreibfehler.

Übung 3

Welches sind die semantischen Unterschiede zwischen den einzelnen Wörtern? Finden Sie weitere Wörter, die in die Wortfelder passen.

1. Bewegung: schleichen, spazieren, bummeln, hasten, torkeln, schreiten …
2. Grösse/Zweck von Räumen: Saal, Kammer, Büro, Halle, Gemach, Schuppen …
3. Texte: spannend, lehrreich, unterhaltsam, informativ, langfädig, tendenziös …
4. Licht: hell, strahlend, trüb, diffus, grell, leuchtend, warm, fahl, flimmernd …
5. Nahrungsaufnahme: essen, fressen, mampfen, verschlingen, dinieren …
6. Gebäude: Villa, Schuppen, Bungalow, Stall, Garage, Bunker, Turm, Hütte …
7. sich äussern: schreien, brüllen, anherrschen, murmeln, raunen, piepsen …

Synonyme und Antonyme

Synonyme kann man *brauchen,* wenn man nicht immer die gleichen Wörter *brauchen* will. Wenn man Synonyme *braucht,* sagt man dasselbe mit einem Wort oder einer Wortgruppe von ähnlicher oder gleicher Bedeutung.

Drücken wir diese Einleitung mit Hilfe von Synonymen aus, könnte sie etwa so aussehen: Synonyme kann man sich *zunutze machen,* wenn man nicht immer die gleichen Wörter *verwenden* will. Wenn man Synonyme *einsetzt,* sagt man dasselbe mit einem Wort oder einer Wortgruppe von ähnlicher oder gleicher Bedeutung.

Das Antonym zu *Synonym* heisst *Antonym.* Mit anderen Worten: Mit einem Antonym drückt man das Gegenteil aus.

Synonyme

Synonyme sind bedeutungsgleiche Wörter, die aus derselben Wortart stammen. Ein Synonym zu Kasten ist beispielsweise Schrank, statt spazieren können wir auch promenieren sagen. Doch kalt und frieren sind keine Synonyme, weil das eine ein Adjektiv und das andere ein Verb ist.

Vollständig deckungsgleiche Synonyme sind selten. Am ehesten gibt es eindeutige Synonyme bei deutschen Ausdrücken und einem entsprechenden Fremdwort. Zwischen Adresse und Anschrift besteht kein Bedeutungsunterschied, kollidieren ist gleichbedeutend mit zusammenprallen. Unter bestimmten Voraussetzungen können gewisse Wörter Synonyme sein. So bedeuten in einem Museum Bilder und Gemälde dasselbe. In einer Zeitschrift spricht man nur von Bildern – Gemälde passt hier als Synonym nicht.

Oft unterscheiden sich Synonyme von der Stilebene her, wie beispielsweise bei spazieren und promenieren oder schlafen und pennen.

Antonyme

Antonyme drücken eine gegenteilige Bedeutung aus. Wie die Synonyme müssen sie aus derselben Wortart kommen. Es ist nicht immer einfach, zu einem Wort ein Antonym zu finden. Manchmal gibt es nur eine Umschreibung (lügen – die Wahrheit sagen), manchmal ist das Antonym inhaltlich nicht eindeutig zu bestimmen (sprechen > schweigen? zuhören? schreiben?). Oft existiert gar kein Antonym (Buch > ?).

Auch bei Antonymen kann es sein, dass ein Antonympaar im einen Fall anwendbar ist, in einem anderen aber nicht. Böse Nachbarn und liebe Nachbarn gibt es, nicht aber böse Überraschungen und liebe Überraschungen.

Präfixe: Es gibt verschiedene Präfixe (Vorsilben), mit denen sich Antonyme bilden lassen: höflich/unhöflich; Warnung/Entwarnung; Stabilisierung/Destabilisierung; zyklisch/antizyklisch; trauen/misstrauen. Lässt man zum Beispiel die Vorsilbe un- weg, entstehen aber nicht automatisch brauchbare Antonyme: geahnte Möglichkeiten; Ruhe stiften. Bei einigen Ausdrücken existiert das Wort ohne Vorsilbe gar nicht. Wer hat schon einmal etwas von einem Geheuer, einem Hold oder Getüm gehört? Man kann nicht wirsch antworten, gestüm umarmen oder ermüdlich an der Arbeit sein. Eine Diskrepanz kann vorkommen, eine Krepanz nicht.

Und bei einer Unsumme Geld wirkt das Präfix nicht antonymisch, sondern verstärkend.

Es kann auch ein Stilmittel sein, Adjektive mit einem nicht ins Gegenteil zu setzen: Das Hotel ist nicht billig. Die Aufgabe war nicht einfach. In diesem Fall bekommt die Aussage eine leicht euphemistische Färbung.

Übung 1

Welche Wortpaare würden Sie als Synonyme bezeichnen? (✓)

1. Zange/Werkzeug (.....); 2. heiss/schwitzen (.....); 3. verstecken/verbergen (.....); 4. bereits/schon (.....); 5. Turm/hoch (.....); 6. bunt/farbig (.....); 7. nur/bloss (.....); 8. Schulfach/Deutsch (.....); 9. Urlaub/Ferien (.....); 10. Herz/Organ (.....)

Übung 2

Finden Sie Synonyme.

1. ankommen – ....
2. produzieren – ....
3. Abfall – ....
4. monoton – ....
5. definitiv – ....

6. addieren – ....
7. Lohn – ....
8. aggressiv – ....
9. verblüffen – ....
10. Hast – ....

Übung 3

Finden Sie passende Antonyme.

1. loben – ....
2. Sieg – ....
3. Vorsprung – ....
4. Erwärmung – ....
5. Vorgänger – ....

6. entlassen – ....
7. verheimlichen – ....
8. begrüssen – ....
9. Umweg – ....
10. Stress – ....

Übung 4

Welche Adjektive passen hier als Antonyme?

1. helles Licht – ....
2. tiefes Wasser – ....
3. frisches Wasser – ....
4. flüssige Nahrung – ....
5. leere Worte – ....

6. ein warmer Mantel – ....
7. ein grober Fehler – ....
8. eine strenge Strafe – ....
9. ein steiler Hang – ....
10. eine billige Ausrede – ....

Übung 5

Ersetzen Sie das Allerweltsverb *machen* durch das entsprechende Verb aus derselben Wortfamilie.
Beispiele: Lärm (machen) > **lärmen;** schwarz (machen) > **schwärzen**

1. eine Beschwerde – ....
2. einen Einbruch – ....
3. Eindruck – ....
4. etwas kühler – ....

5. einen Plan – ....
6. den Garten – ....
7. etwas sauber – ....
8. etwas länger – ....

Finden Sie nun synonyme Verben für *machen*. Beispiel: eine Grimasse ~~machen~~ *schneiden*

9. eine Beschwerde ....
10. einen Einbruch ....
11. einen Plan ....
12. die Hausaufgaben ....
13. jemandem eine Freude ....

14. das Frühstück ....
15. ein Feuer ....
16. einen Ausflug ....
17. grossen Schaden ....
18. einen Vorschlag ....

67

Wortfamilien und Wortfelder

Wörter haben innere und äussere Ähnlichkeiten und Gemeinsamkeiten, Beziehungen und Verwandtschaften. Haben Wörter *formal* die gleiche Herkunft, d.h. den gleichen Stamm, spricht man von einer *Wortfamilie.* Sind sie *inhaltlich,* d.h. von der Bedeutung her miteinander verbunden, spricht man von *Wortfeldern.*

Wortfamilie

In einer Wortfamilie ist es ähnlich wie bei den Menschen. Die Wörter einer Wortfamilie haben die gleiche Abstammung, das gleiche Stammwort. In einer Menschenfamilie gibt es alte, junge, männliche, weibliche, grosse, dünne Mitglieder. Auch in einer Wortfamilie gibt es verschiedene «Mitglieder», z.B. Verben, Nomen, Adjektive, Präpositionen usw.

Nehmen wir das Beispiel der Wortfamilie -trotz-: Dazu gehören beispielsweise Trotz, Trotzkopf (Nomen), ertrotzen, abtrotzen (Verben), trotzig (Adjektiv), trotzdem (Adverb), trotz (Präposition).

Wortfeld

Die «Mitglieder» eines Wortfeldes sind auf eine andere Art miteinander verbunden. Ein Wortfeld liesse sich mit einem wirklichen Feld vergleichen, wo verschiedene Blumen, Gräser und Kräuter wachsen – aber es sind alles Pflanzen. Oder auf diesem Feld weiden Kühe, Pferde, Schafe – also alles Tiere. Genauso tummeln sich in einem Wortfeld verschiedene Wörter, die aber alle der gleichen «Gattung», dem gleichen Oberbegriff, angehören. Das können zum Beispiel Nutztiere sein (Kuh, Schaf, Ziege, Kaninchen, Schweine), Fortbewegungsarten (gehen, wandern, kriechen, rennen, hüpfen), Dimensionen (hoch, breit, lang, tief). Wie ersichtlich ist, müssen die Wörter eines Wortfelds jeweils von der gleichen Wortart sein (Kuh, Gras, weiden, grün ist also kein Wortfeld).

Wie auf einer Weide kann dabei der Zaun weiter oder enger gesteckt werden. Ein weit gestecktes Wortfeld der Fortbewegung beinhaltet beispielsweise laufen/fahren/schleichen/fliegen/schlendern/rennen/kriechen usw. Wir können den Zaun enger stecken und nur die Verben der eigenen Fortbewegung ins Wortfeld lassen: gehen/hüpfen/bummeln/eilen/trippeln. Oder wir können nur schnelle, eigene Fortbewegung nehmen: rennen/rasen/eilen/spurten/flitzen usw. Es kommt also ganz darauf an, wie eng oder weit wir den Oberbegriff wählen.

Kleinstes Wortfeld: Synonyme

Im engsten Wortfeld kommt man zu den Synonymen. Auch Synonyme müssen der gleichen Wortart angehören. Dabei sind nicht nur einige, sondern alle (oder praktisch alle) Bedeutungselemente gleich, wie zum Beispiel bei Abmachung/Vereinbarung. (Siehe dazu auch das Kapitel Synonyme und Antonyme, Seite 66.)

Wer breite Wortfelder anzulegen versteht, hat meist weniger Schwierigkeiten beim Schreiben. Sachverhalte lassen sich präziser und treffender wiedergeben; der eigene sprachliche Ausdruck wird abwechslungsreich und differenziert.

Übung 1

Wortfamilie (A) oder Wortfeld (B)? Geben Sie bei den Wortfamilien den Stamm und bei den Wortfeldern einen möglichst engen Oberbegriff an.

1. Kupfer, Silber, Zinn, Eisen, Gold, Platin (.....) ....
2. betrügen, hereinlegen, übers Ohr hauen, hinters Licht führen, verschaukeln (.....) ....
3. Gehweg, gehen, gängig, aufgehen, Zugang, gangbar, Begehung, gehend (.....) ....
4. langsam, rasend, rasch, flink, schnell, gemächlich, eilig, gemessen, hastig (.....) ....
5. Gedanke, denkbar, eingedenk, denken, Denksport, gedankenlos, Gedächtnis (.....) ....

Übung 2

Welches Wort passt jeweils nicht ins Wortfeld?
1. Die Worte waren unverblümt/direkt/unbedacht/unzimperlich.
2. Schüssel/Flasche/Krug/Kanne/Glas/Becher
3. Befehl/Aufforderung/Weisung/Ermächtigung/Geheiss
4. beschäftigen/einstellen/anstellen/anwerben
5. aufsuchen/nachforschen/recherchieren/ermitteln/untersuchen
6. Die Arbeit war unnütz/nutzlos/unentgeltlich/vergeblich.
7. Freude/Zorn/Erleichterung/Sorgfalt/Angst
8. abdanken/absetzen/entlassen/feuern/rauswerfen
9. Der Kunde war aufgebracht/unausstehlich/verärgert/wütend.
10. klappern/rasseln/quietschen/kichern/dröhnen/klirren
11. Erörterung/Erfahrung/Schilderung/Erzählung/Beschreibung/Bericht
12. Der Vertreter war aufdringlich/hartnäckig/vordringlich/beharrlich.
13. Taxi/Tram/Zug/Bus/Lastwagen/Untergrundbahn
14. Das Betrugsopfer war blauäugig/einfältig/naiv/unbedarft/verzagt.
15. Sie hat alle überflügelt/überholt/überschattet/übertroffen/übertrumpft.

Übung 3

Erstellen Sie Wortfamilien. Bringen Sie dabei verschiedene Wortarten ein.
(Der Stammlaut darf auch verändert werden.)

1. -sprech-: ....
2. -grund-: ....
3. -kraft-: ....
4. -trink- : ....

Übung 4

Ergänzen Sie die Wortfelder.

1. nachdenken, ...
2. Zange, Hammer, ...
3. Stuhl, Hocker, ...
4. bewölkt, windig, ...
5. lenken, ...

Übung 5

Erstellen Sie selber Wortfelder und lassen Sie Ihre Partner dazu Oberbegriffe finden.

Verwechslungsgefahr

«Man sollte nicht versuchen, anderen Leuten mit Fremdwörtern zu imprägnieren, sonst plombiert man sich womöglich nur.»
Vor allem Fremdwörter sind geradezu (prädominiert) prädestiniert, verwechselt zu werden. Fand der Match im Fussball*stadion* oder im Fussball*stadium* statt?
Ist ein Gartenteich eine *ökonomisch, ökumenisch* oder *ökologisch* sinnvolle Sache?

Fremdsprachen

Andere Sprachen können auch zur Verwechslung beitragen: Im Deutschen sprechen wir von der Regierung Clinton und meinen damit das Kabinett. Für die Amerikaner ist das the Clinton Administration. Inzwischen stösst man auch im Deutschen vermehrt auf den Ausdruck die Administration Clinton, obwohl bei uns Administration etwa Verwaltung (eines Betriebs) heisst. Wegen dieser Bedeutungsverwechslung wird Administration also manchmal im Deutschen falsch angewendet. Daneben wissen wir, dass bei den Fremdsprachen ähnlich aussehende Wörter eine Gefahrenquelle sind. So heisst become (engl.) nicht bekommen; il mondo (ital.) ist nicht der Mond.

Unterschiedliche Endungen

Bei den Adjektiven gibt es Endungen, die für die Bedeutung eine Rolle spielen. Bei Adjektivpaaren wie golden – goldig, hölzern – holzig oder wollen – wollig sagt das jeweils erste Adjektiv, aus welchem Material etwas wirklich besteht. Die Adjektivendung -ig hingegen drückt aus, dass etwas ähnliche Eigenschaften wie das Material besitzt. Eine goldene Skulptur besteht mindestens teilweise aus Edelmetall, während eine goldige Skulptur ein hübsches Werk ist, das einen erfreut und entzückt wie das Material Gold, jedoch auch aus Ton, Porzellan oder einem anderen Material gefertigt sein kann.

Auch bei anderen Adjektiven markieren die Endungen einen wichtigen Unterschied: fremdsprachig – fremdsprachlich, verständig – verständlich.

Ebenso machen Endungen bei Nomen einen Unterschied: Liquidation – Liquidität; Erzeugung – Erzeugnis; Eigentum – Eigenschaft.

Vorsilben bei Verben

Vorsilben können Verben zwar ähnlich aussehen lassen, und doch ist ein Unterschied in der Bedeutung vorhanden: ertragen – vertragen; begraben – vergraben; beschaffen – verschaffen.

Rechtschreibung

In der Rechtschreibung gibt es wegen der verschiedenen Schreibweisen eine ganze Anzahl leicht verwechselbarer Wörter: wieder – wider; Weise – Waise; Stil – Stiel; das – dass; malen – mahlen.

Hier ist immer von (verwechselbaren) Wörtern die Rede. Könnte man auch Worte sagen? Gibt es da auch einen Unterschied?

Übung 1

Erklären Sie den Unterschied bei folgenden Adjektiven.

1. sparsam .... spärlich ....
2. zweiwöchig .... zweiwöchentlich ....
3. schädlich .... schadhaft ....
4. steinig .... steinern ....
5. kindisch .... kindlich ....
6. geschäftlich .... geschäftig ....
7. gütlich .... gütig ....
8. strafbar .... straffällig ....
9. eisern .... eisig ....
10. seelisch .... selig ....
11. rational .... rationell ....
12. wohltuend .... wohltätig ....
13. glasig .... gläsern ....
14. real .... realistisch ....
15. standhaft .... standfest ....

Übung 2

Kennen Sie den Unterschied zwischen folgenden ähnlichen Nomen?

1. Hypothek .... Hypothese ....
2. Amnestie .... Amnesie ....
3. Kontingent .... Kontinent ....
4. Kontakt .... Kontrakt ....
5. Worte .... Wörter ....
6. Bedarf .... Bedürfnis ....
7. Gesinde .... Gesindel ....
8. Astrologe .... Astronom ....

Übung 3

Welches ist der Bedeutungsunterschied zwischen den folgenden Verben?

1. fingieren .... fungieren ....
2. adaptieren .... adoptieren ....
3. steigen .... steigern ....
4. setzen .... sitzen ....
5. verstören .... zerstören ....
6. verteilen .... zerteilen ....
7. erkunden .... erkundigen ....

Übung 4

Setzen Sie die Wörter richtig ein.

1. das/dass: Glaubst du, ..., was er gesagt hat, stimmt?

2. fiel/viel: So .... weiss ich: Er .... durch die Prüfung.

3. spuckt/spukt: Das Gespenst, das in diesem alten Schloss ...., taucht plötzlich auf und .... die überraschten Besucher an.

4. Übernahme/Übername: Der neue Besitzer verlangte nach der .... der Firma, dass der alte .... «Schwimme» nicht mehr verwendet werde.

Fremdwörter

Fremdwörter sind aus der Sprache nicht wegzudenken, und viele sind uns gar nicht mehr so fremd. Schon immer wurden Wörter und Ausdrücke aus andern Sprachen und Kulturen ins Deutsche übernommen, ohne dass die deutsche Sprache deswegen Schaden genommen hätte. Es gibt Sprachen, welche sich stärker als andere gegen die Aufnahme von fremden Wörtern sperren, so zum Beispiel das Französische. Der *Computer* heisst dort *ordinateur*, und eine *E-Mail* ist ein *courriel*. Auch in Island verwendet man ganz bewusst Wörter aus der eigenen Sprache. So heisst *Telefon* zum Beispiel *simi* oder die Polizei ist *lögreglan* (Gesetzbeaufsichtiger). Auch in Deutschland gab es Zeiten, in denen man versuchte, fremde Wörter nach Möglichkeit einzudeutschen, so etwa Mitte des 17. Jahrhunderts. Heute sind die Sprachgrenzen viel offener, für manche Leute sogar eher zu offen.

Griechische, lateinische und französische Einflüsse

Im Deutschen waren zunächst Griechisch und Lateinisch die Herkunftssprachen vieler Fremdwörter. In erster Linie waren es Begriffe aus den Wissenschaften, weil Latein und Griechisch von den Gelehrten überall verstanden wurden.

Griechischer Herkunft sind neben vielen anderen **tele, chrono, hetero, phon, demo**. Aus dem Lateinischen stammen zum Beispiel Wörter mit Präfixen wie **trans-** oder **prä- (Transport, Präposition)**. Auch Endungen wie **-iv** oder **-ieren (relativ, multiplizieren)** weisen meist auf den lateinischen Ursprung eines Wortes hin. Es gibt auch Vermischungen, wie beispielsweise das Wort **Automobil**, welches halb griechisch, halb lateinisch ist. Rein griechisch hiesse so ein Fahrzeug heute wohl **Autokinet**, vollständig lateinisch wäre es möglicherweise zum **Ipsomobil** geworden.

Vor allem im 18. und 19. Jahrhundert war es **chic**, französische Ausdrücke zu verwenden, besonders bei der Oberschicht. In der Schweiz hatten es wegen des Französischen als Landessprache viele Ausdrücke leichter, sich in der Sprache festzusetzen. So werden etwa **Barriere, Trottoir, Billett** oder **Chauffeur** inzwischen kaum noch als französisch empfunden.

Englische und amerikanische Einflüsse

Heute finden laufend Wörter aus dem Englischen/Amerikanischen Eingang in die deutsche Sprache, nicht zuletzt, weil in Wirtschaft (**Cashflow, Manager**), Wissenschaft (**Hightech, Burnout**) und Kultur (**Musical, Sitcom**) Englisch zur weltweiten Universalsprache geworden ist. Daneben scheinen viele Leute zu glauben, englische statt deutsche Ausdrücke seien besser oder weltoffener (**Challenge** statt **Herausforderung; Kids** statt **Kinder**).

Vom Umgang mit Fremdwörtern

Wann ist die Verwendung von Fremdwörtern angebracht, wo soll man davon Abstand nehmen? Dass man **Telefon** statt **Fernsprecher** sagt oder **Computer** statt **elektronischer Rechner**, liegt auf der Hand. Doch wenn sich ein **Ereignis** in einen **Event** verwandelt oder Konzernleiter sich lieber «Sii-ii-ou» nennen, dann sind das keine **Borderline-Cases** mehr. Hier darf man selbstbewusst zu deutschen Wörtern greifen.

Generell lässt sich sagen: Dient das Fremdwort der Klarheit und Genauigkeit einer Aussage oder gibt es im Deutschen keine oder nur eine unzureichende Entsprechung, ist nichts dagegen einzuwenden. Andererseits sollte darauf verzichtet werden, wenn es nur darum geht, modisch zu klingen.

Übung 1

Worum könnte es sich bei folgenden lächerlichen Verdeutschungen handeln?
Beispiel: **Schwebekastenjunge = Liftboy**

1. Viertopfzerknalltreibling ....
2. Fremdbohnensickerwasser ....
3. Kleinschaugerät ....
4. Öleiertunke ....
5. Gesichtserker ....
6. Dörrleiche ....
7. gebogener Schlauchapfel ....
8. Fadennudeln ....

Übung 2

Das Schweizerdeutsche hat viele Ausdrücke aus dem Französischen aufgenommen. Wie sagt man in Deutschland?

1. Barriere ....
2. Trottoir ....
3. Kondukteur ....
4. Velo ....
5. Sauce ....
6. Pneu ....
7. Bahnbillett ....
8. Restaurant ....
9. Passagier ....
10. Dessert ....
11. Portier ....
12. Cousin / Cousine ....

Übung 3

Suchen Sie einen deutschen Ausdruck für:

1. Meeting ....
2. cool ....
3. Container ....
4. Flop ....
7. Level ....
8. recyceln ....
9. Multiple Choice ....
10. Shoppingcenter ....

Übung 4

Was bedeuten die aus dem Griechischen bzw. Lateinischen stammenden Fremdwörter?

1. Synthese ....
2. exponieren ....
3. aggressiv ....
4. Popularität ....
5. ignorieren ....
6. illegal ....
7. integrieren ....
8. Pseudonym ....
9. Konfusion ....
10. chronologisch ....
11. Kontroverse ....
12. intensivieren ....

Übung 5

Finden Sie je 2 Wörter (Nomen, Verben, Adjektive) mit folgenden Fremdwort-Bestandteilen.

1. auto ....
2. chrono ....
3. tele ....
4. phon/fon ....

Anglizismen

Heute scheint es *cool* und *in* zu sein, die deutsche Sprache mit englischen Wörtern zu durchsetzen. Manchmal gibt es kaum passende deutsche Ausdrücke in unserer sprachlichen *Software*, sodass wir englische übernehmen. Doch oft will man mit englischen Begriffen bloss Eindruck schinden: Das *Lifestyle-Feeling* bekommt einen *trendy Touch:* Wir schauen die *News.* Die Aufgabe ist eine *Challenge.* Die *Boots* sind aus *softem* Material. Wir gehen in die *Non-Food*-Abteilung für die neuste *Outdoor-Fashion.*
Ab und zu *checken* wir's auch nicht und verwenden englische Ausdrücke falsch.

Brauchen wir die englischen Ausdrücke?

Es geht nicht darum, englische Ausdrücke aus unserem Sprachgebrauch nach Möglichkeit zu verbannen, doch sollte man sich überlegen, ob aus jedem Buchhalter wirklich ein Accountant werden muss. Ist es so cool, wenn man aus dem Mädchen ein Girl, aus den Kindern Kids macht? Ist piercen eleganter (und weniger schmerzhaft) als durchstechen? Macht das wirklich Sinn? Diesen Ausdruck kannte vor 30 Jahren noch niemand, denn er war nicht sinnvoll. Heute stösst sich kaum mehr jemand an diesem Anglizismus.
Bei einigen Wörtern ist man sich der englischen Herkunft kaum mehr bewusst: Computer, Interview, Party, nonstop, Hit, joggen, Hobby.
Bei anderen Wörtern nimmt man die englische Herkunft stärker wahr: Software, offside, Feedback, Brainstorming.
Daneben haben sich Ausdrücke aus Fachgebieten etabliert, für die es kaum deutsche Entsprechungen gibt: Bypass (Medizin), scannen, Software (Computer).
Verbformen können sich nach einer gewissen Zeit an die deutsche Grammatik anpassen. So hat die Firma eine Aufgabe outgesourct, das Möbelstück ist modern designt und das Musikstück habe ich downgeloadet. Allerdings wären in diesen Fällen deutsche Ausdrücke besser.

Bedeutungsveränderungen wegen falsch übernommener Wörter

Einige Wörter sind mit falscher Bedeutung ins Deutsche übernommen worden. Wenn jemand, besonders in Mundart, sagt «Ich checke es nicht», müsste man korrekterweise übersetzen «Ich kontrolliere es nicht.» To check heisst nämlich kontrollieren, überprüfen. Wenn heute vom ultimativen Kick die Rede ist, wird die ursprüngliche deutsche Bedeutung des Wortes ultimativ, nämlich auf einen letztmöglichen Zeitpunkt begrenzt (eine ultimative Forderung), missachtet. Im Englischen heisst ultimate etwa neuste/aktuellste. Irgendjemand machte da einmal eine falsche Assoziation, und seither haben viele diesen «tollen» neuen Ausdruck unkritisch und deshalb falsch übernommen.

Unechte Anglizismen

Im Deutschen tauchen vermeintlich englische Wörter auf, mit denen Englischsprachige nichts anfangen können. So ist zum Beispiel der Ausdruck Wellness ein Anglizismus, welcher fürs Deutsche erfunden wurde; ein Engländer versteht ihn nicht. Als die Telefonkarten plötzlich Taxcards genannt wurden, dürfte sich mancher Engländer gefragt haben, ob wir damit die Steuern bezahlen (tax = Steuer). Ebenso wenig wie beim Beamer oder Dressman weiss man in England oder Amerika, was gemeint ist, wie wenn wir vom Handy reden, denn dort benutzt man ein mobile oder cell phone. In der Schweiz fand eine Big Silvester Party statt. Das sagt Englischsprechenden gar nichts, denn der letzte Tag des Jahres heisst New Year's Eve.
Andererseits kennt ein Amerikaner das Wort Steak zwar, versteht es aber nicht, wenn es als «Schtiik» ausgesprochen wird.

Übung 1

«Übersetzen» Sie auf Deutsch. (Die Sätze können auch anders formuliert werden.)

1. Diesen Auftrag in so kurzer Zeit auszuführen, ist ein Challenge für uns.
2. Im Fernsehen schaue ich mir jeweils nur die News an.
3. Der Troubleshooter machte zu Beginn ein Briefing, um alle auf das gleiche Level zu bringen.
4. Die Message des Songs ist: Auch Loser sind nette Menschen.
5. Die heutige Jugend will Fun, und dazu gehören auch Mega-Events.
6. Die neuen Boots, natürlich mit High Heels, sind aus softem Material.
7. Das Highlight der Show war der Top-Entertainer Barney Groove.
8. Der Vorschlag der Task Force brachte eine Win-win-Situation.
9. Der Verein hat den Turnaround dank grosszügigem Sponsoring geschafft.
10. Im Factory Outlet gibt's angesagte Brands günstiger zu kaufen.
11. Das Radio bringt die Top Ten der Charts.
12. Beim Casting kommt es ausser auf den Look auch auf gewisse Skills an.
13. Die Tickets für den Event gibt's nur gegen Cash.
14. Dank unserem Know-how garantieren wir Ihnen optimalen Support.

Übung 2

Welche englischen Ausdrücke sind mit folgenden deutschen Entsprechungen gemeint?

1. Windableitblech ....
2. Sicherungskopie ....
3. elektronisch verbunden ....
4. Leibwächter ....
5. spontan Ideen sammeln ....
6. Abfall wegwerfen ....
7. Luftsack ....
8. eingeweihte Person ....
9. Problemlöser ....
10. Strassengebühren ....

Übung 3

Sammeln Sie Wörter aus der Computersprache (z.B. **scannen**) und suchen Sie dafür deutsche Entsprechungen. Gibt es überhaupt solche?

Übung 4

Suchen Sie in Modekatalogen nach englischen Ausdrücken. Erstellen Sie eine Liste. Kennen und verstehen Sie alle Wörter?

Übung 5

Verwenden Sie englische Verben im Alltag? Wie heissen die entsprechenden Tätigkeiten auf Deutsch?
Zum Beispiel **jetten:** nach London **fliegen.**

Übung 6

Gehen Sie mit einer Kamera auf Foto-Pirsch und dokumentieren Sie möglichst viele englische Wörter, z.B. in Läden, auf Reklamewänden, in Schaufenstern.

Übung 7

Sammeln Sie in Zeitungen (z.B. Stellenanzeigen) oder Zeitschriften eine Anzahl verschiedener englischer Wörter/Ausdrücke. Für welche gäbe es ebenso gute deutsche Entsprechungen? Welche der gefundenen Ausdrücke kennen Sie nicht (genau)?

Schweizerdeutsch und Hochsprache

Jede Sprache kennt regionale Unterschiede. Das ist schon innerhalb Deutschlands so, doch besonders grosse Unterschiede existieren zwischen der deutschen Standardsprache und den schweizerischen Mundarten. Aber auch wenn wir in der Schweiz die deutsche Sprache in der Schrift anwenden, gibt es viele Unterschiede.

Helvetismen

Gewisse Ausdrücke in der Schweiz sind Deutschen nicht geläufig oder haben für sie eine andere Bedeutung. Wenn ein Schweizer sagt, er habe das **Auto gekehrt,** wird ein Deutscher die Stirne runzeln und sich fragen, ob und wie wohl der Schweizer mit einem Besen im Auto am Werk gewesen sei, da **kehren** ein Synonym von **wischen** ist. In Deutschland kann man nicht auf den **Estrich** steigen, denn **Estrich** ist ein fugenloser Fussboden. Was wir **Estrich** nennen, ist dort der **Dachboden.**

In unserer geschriebenen Sprache sind viele Wörter zu finden, denen man ihre Herkunft aus dem Dialekt ansieht. Wir essen an Weihnachten **Guetzli** (und nicht **Plätzchen** oder **Kekse**). Weitere solche Beispiele sind etwa **Pflotsch, Znüni, Büsi, Töff** oder **Rüebli.** Daneben gibt es eine grosse Anzahl Wörter, bei denen man sich oft gar nicht bewusst ist, dass sie in der deutschen Hochsprache unüblich sind: **Fahrausweis, Abwart, Occasion, Velo, Pöstler, Spital, Salär, pressieren, antönen, besammeln, festen, ringhörig, urchig, langfädig.**

In der Schweiz sind auch viele Wörter aus dem Französischen allgemein gebräuchlich: **Trottoir, Barriere, Billett, Perron, Coiffeur, Chauffeur, Glace.** (Siehe dazu auch das Kapitel **Fremdwörter,** Seite 72.) Im Duden kommen einige uns selbstverständlich erscheinende Wörter überhaupt nicht vor: **heiterhell, Abwaschmaschine, aufgestellt, doppelspurig, überrissen, verlochen, Schwingbesen, himmeltraurig, käsebleich, Rückgeld.**

Anwendung von Helvetismen

Helvetismen wie die oben erwähnten können ohne Weiteres in einem Text gebraucht werden, sofern die Adressaten mit Schweizerdeutsch vertraut sind. In der Schweiz würde man schreiben: Er fuhr mit dem **Velo** auf dem **Trottoir.** In Deutschland hiesse das: Er fuhr mit dem **Fahrrad** auf dem **Gehsteig.** Man muss sich auch bewusst sein, dass es Wörter gibt, die in der Schweiz eine andere Bedeutung haben als in Deutschland, wie z. B. **(jemanden) büssen, heben, kehren, laufen, schaffen, schmecken, springen.** Diese sollte man deshalb nur in ihrer standardsprachlichen Bedeutung verwenden. Viele schöne, treffende Mundart-Wörter können wir leider auch in der schweizerischen Schriftsprache nicht einsetzen, z. B. **chlöpfe, gigele, jufle, schletze, lädele, Rundumeli.**

Im Weiteren kann im gesprochenen Schweizerdeutsch das Geschlecht gewisser Nomen anders sein: **Das** Reis war verkocht. **Dieses** Bleistift gehört mir. In der geschriebenen Sprache ist das jedoch immer falsch.

Verbformen

Bei den Verben besteht der wichtigste Unterschied zwischen Hochsprache und Mundart darin, dass wir im gesprochenen Schweizerdeutsch als Vergangenheitsform nur das Perfekt kennen **(wir sind gegangen; ich habe gesehen).** Eine Präteritumform wie in der Standardsprache gibt es bei uns nicht. Darauf ist besonders zu achten, wenn wir Vergangenes erzählen. Dann muss das Präteritum gebraucht werden **(wir gingen; ich sah).** Bei Vorzeitigkeit kommt das Plusquamperfekt dazu: **Die Katze sass neben dem Tisch und bettelte, obwohl sie gerade einen Napf voll Futter gefressen hatte.** (Siehe dazu auch das Kapitel **Erzählzeiten,** Seite 52.)

Übung 1

Wie sagt man in Deutschland?

1. Kaffeerahm ....
2. Münz ....
3. pressieren ....
4. Rüebli ....
5. Gipfeli ....
6. Türfalle ....
7. Schnauz ....
8. Lichtsignal ....

9. Unterbruch ....
10. Sackgeld ....
11. Spritzkanne ....
12. aufbeigen ....
13. Metzger ....
14. Lavabo ....
15. Dessert ....
16. speditiv ....

Übung 2

Wie lauten die schweizerischen Entsprechungen für folgende Wörter?

1. Klempner ....
2. Schornstein ....
3. Vokabeln ....
4. schnorren ....
5. Schnuller ....
6. Jackett ....

7. hersagen ....
8. Pate/Patin ....
9. Hubschrauber ....
10. Tagesordnung ....
11. Apfelsine ....
12. Standspur...

Übung 3

Was stimmt (✔)/Was nicht (✘)?
1. Der Dessert schmeckte herrlich. (.....) 2. Das Spital wird umgebaut. (.....) 3. Im rechten Ecken stand ein Papierkorb. (.....) 4. Benütze das Lineal. (.....) 5. Der Kies wurde von zwei Lastwagen gebracht. (.....) 6. Der Butter sollte nicht an der Sonne stehen. (.....) 7. Ein Blitz schlug in den Spitz des Kirchturms. (.....) 8. Dieses Thermometer ist nicht sehr genau. (.....) 9. Das Wachs ist aufs Tischtuch getropft. (.....) 10. Nun hat es einen Flecken gegeben. (.....)

Übung 4

«Übersetzen» Sie die Helvetismen in die Hochsprache.

1. Sie haben nach Luzern gezügelt. ....
3. Entschuldigung, darf ich hier parkieren? ....
4. Bitte stellen Sie das Buch zurück aufs Tablar. ....
5. Ich tische für das Nachtessen. ....
6. Hol einen Lumpen. Ich habe etwas Kaffee ausgeleert. ....
7. Der Abfallkübel steht beim Gartenhag. ....
8. Ich muss sagen, dieser Vorschlag tönt gut. ....
9. Wir fahren mit dem Tram in die Stadt. ....
10. Wir mussten das Auto in der Sackgasse kehren. ....
11. Wir laufen von der Bushaltestelle nach Hause. ....

Euphemismen

Mit einem Euphemismus werden gewisse Ausdrücke verhüllt und auf diese Weise beschönigt. Das war schon in früheren Zeiten so, als man den Teufel den «Gottseibeiuns» nannte, auf dass er nicht plötzlich auftauche, wenn man «Teufel» sagte. Ein moderneres Beispiel fand sich, als jemand einen Spielsalon eröffnete, wo man den Leuten bekanntlich das Geld aus der Tasche ziehen möchte. Der Eigentümer sagte bei der Eröffnung: «Wir möchten Münzüberschüsse abbauen.»

Wo Euphemismen einspringen müssen

Wenn man sich geniert, Dinge klar zu benennen, greift man oft zu Euphemismen. Hat man Hemmungen, das Wort Geschlechtsverkehr zu brauchen oder möchte man nicht zu direkt und brutal sterben sagen, drückt man sich euphemistisch aus: Man schläft miteinander. Man schliesst die Augen für immer.

Ist es nicht freundlicher zu sagen, man sei ein langsamer Lerner statt ein schlechter Schüler?

Euphemismen ersetzen nicht mehr akzeptierte Ausdrücke

Gewisse Ausdrücke «verschlechtern» sich mit der Zeit, und deshalb springen dann Euphemismen ein. So wurde zum Beispiel noch vor 40 Jahren ein Mensch von schwarzer Hautfarbe ein Neger genannt, ohne dass man diese Bezeichnung als abwertend empfand. Heute gilt Neger als beleidigend, und stattdessen sagt man Schwarzer. Doch klingt inzwischen dieser Ausdruck für einige Leute auch bereits wieder negativ. Oft wird jetzt mit dem Ausdruck Farbiger dem Umstand Rechnung getragen, dass nicht alle Schwarzen gleich dunkel sind. Ein weiteres Wort, das nicht mehr «korrekt» ist, ist Zigeuner, das man heute vermeidet und durch Jenische oder Fahrende ersetzt.

Der politische Euphemismus

Auch in der Politik kann die Wortwahl eine Rolle spielen. So verwenden gewisse Kreise bewusst den Ausdruck Asylant, weil damit eher negative Gefühle gegenüber solchen Personen zum Ausdruck gebracht werden. Wer sich mit diesen Fremden eher solidarisiert, nennt sie Asylsuchende.

Ein weiteres Beispiel: Wer gegen diese Art der Energiegewinnung ist, spricht konsequent von Atomkraftwerken, denn Atom klingt gefährlich, wie zum Beispiel bei Atomkrieg oder Atombombe. Die Befürworter wählen immer den euphemistischeren Ausdruck Kernkraft, weil er neutraler klingt.

Die Amerikaner zogen 2003 los, um (euphemistisch gesagt) den Irak zu befreien. Die Gegner dieser Militäraktion sprechen dagegen von Besetzung oder Einmarsch.

Als ein amerikanischer Politiker vor einer Untersuchungskommission erscheinen und aussagen musste, gab die Kommission bekannt, der Politiker habe zu einem Sachverhalt ungenaue, unvollständige und unzuverlässige Informationen gegeben. Mit anderen Worten: Der Politiker hatte gelogen.

In Amerika sind Euphemismen ohnehin sehr häufig: Dort ist zum Beispiel schon toilet ein Wort, das man vermeidet und durch rest room ersetzt.

Das Gegenteil des Euphemismus: die Pejoration

Drückt man etwas gröber als nötig aus, spricht man von Pejoration. So werden aus den Eltern die Alten. Hat man keine Lust, wird es einen anscheissen. Statt jemanden aufzufordern, die Türe zu schliessen, sagt man dann: «Mach das Loch zu.» Man wählt in solchen Fällen also meist Wörter aus der niedrigsten Stilschicht, der Vulgärsprache. (Siehe dazu auch das Kapitel Stilebenen, Seite 88.)

Übung 1

Was ist wohl mit folgenden Euphemismen gemeint? Ersetzen Sie die beschönigende Ausdrucksweise durch neutrale, sachliche Begriffe.

1. Sie ziehen in die Seniorenresidenz um.
2. Unsere Nachbarin ist eine vollschlanke Person.
3. Wir müssen unsere Preise anpassen.
4. Der Personalbestand wird verringert.
5. Paul ist ein langsamer Lerner.
6. Ich bringe ein paar Pfunde zu viel auf die Waage.
7. Sie haben es mit Fünf-Finger-Rabatt bekommen.
8. Dort warten die Freudenmädchen.
9. Dieser Vortrag war suboptimal.
10. Sie gehören zu den Minderbemittelten im Dorf.
11. Der Abteilungsleiter wurde freigestellt.
12. Sie hat die Seele dem Schöpfer zurückgegeben.
13. Im Turnen bin ich ziemlich talentfrei.
14. Sie zeigt ein gewisses Verständnis für die Arbeit.
15. Er ist nicht eben mit geistigen Gaben gesegnet.
16. Wir rechnen mit einer negativen Gewinnentwicklung.
17. Er wird gegenwärtig auf Staatskosten beherbergt.
18. Er bemüht sich immer wieder um Verbesserungsvorschläge.
19. Sie haben zu tief ins Glas geschaut.
20. Wir nehmen von einer Bestellung Abstand.
21. Sie ist an einer heimtückischen Krankheit gestorben.
22. Habt ihr auch eine Raumpflegerin?
23. Deine Wortwahl lässt zu wünschen übrig.
24. Wir mussten uns von diesem Mitarbeiter trennen.
25. Auto zu verkaufen. Für Bastler.

Übung 2

Finden Sie Euphemismen für:
1. stehlen
2. Teufel
3. betrügen
4. Sex haben
5. Selbstmord begehen
6. eine schlechte/ungenügende Arbeit
7. lügen

Übung 3

Untersuchen Sie während einer Woche Todesanzeigen in den Zeitungen und tragen Sie die Euphemismen für **sterben** zusammen. Welche Ausdrücke tauchen häufig auf? Gibt es Todesanzeigen, in denen die Wörter **sterben** oder **Tod** vorkommen? Finden Sie auch Hinweise darauf, dass es sich um Selbstmord handeln könnte?

Pleonasmen

Der *Pleonasmus* (griech: *pleonasmós* = Überfluss) sagt etwas doppelt. Typische Beispiele sind *ein runder Kreis* oder *momentan gerade*.

Erinnern Sie sich doch einmal kurz zurück: Haben Sie in diesem Buch bereits schon einige interessante Sprachaspekte neu kennen gelernt?

Haben Sie in diesen Sätzen die Pleonasmen bemerkt?

Einwort- und Zweiwort-Pleonasmen

Schon ein einziges Wort kann einen Pleonasmus beinhalten. Häufig anzutreffende Beispiele sind schlussendlich (schliesslich und endlich), Sonderprivilegien, eine Rückantwort (eine Antwort ist immer «rück»), vorprogrammiert (programmieren geschieht im Voraus) oder sich zurückerinnern (Erinnerung richtet sich immer zurück).

Es gibt viele Zweiwort-Pleonasmen wie der kleine Zwerg, neu kennen lernen, nochmals wiederholen, die umliegenden Nachbarländer, etwas bleibt weiterhin verboten.

Pleonasmen sind manchmal nicht leicht zu erkennen

Nicht alle Pleonasmen springen einem so leicht ins Auge wie eine tote Leiche. So sind zum Beispiel die gemachten Erfahrungen ein Ausdruck, dem man ab und zu begegnet. Oder: Die eingetretene Verspätung schafft Probleme. Eine eingetretene Verspätung allein ist noch kein Pleonasmus – es gibt auch erwartete, befürchtete oder ärgerliche Verspätungen. Aber wenn sie Probleme verursacht, muss sie schon eingetreten sein. (Siehe auch das Kapitel Partizipien, Seite 46.)

Nicht alle Pleonasmen müssen vermieden werden

Sind nun alle doppelten Aussagen schlecht, weil sie Pleonasmen sind? Nein, einige kann man stillschweigend akzeptieren. Man kann immer noch mit dem Kopf nicken. Wegen eines solchen Ausdruckes wird bestimmt kein Aufsatzheft durch die Luft fliegen und mit einem lauten Knall an die Wand klatschen.

Daneben können Ausdrücke, welche auf den ersten Blick wie Pleonasmen aussehen, durchaus einen Umstand präzise wiedergeben. So gibt es ausser einem Endresultat ja auch noch Zwischenresultate; man rennt schnell oder weniger schnell und die dunkle Nacht ist bei Vollmond weniger dunkel.

Pleonasmen als stilistische Verstärkungselemente

Pleonasmen können auch durchaus bewusst und gezielt als Stilmittel eingesetzt werden. Mit ihnen lassen sich nämlich gut und gerne Aussagen verstärken. Das ist vor allem bei Zwillingsausdrücken gang und gäbe: für immer und ewig; alles ist Lug und Trug.

Übung 1

In welchen Sätzen finden sich Pleonasmen mit Modalverben?
1. Das mag vielleicht stimmen, aber es tönt sehr unwahrscheinlich.
2. Er beabsichtigt, beim Chef eine Lohnerhöhung verlangen zu wollen.
3. Hast du die Erlaubnis, am Ausflug teilnehmen zu dürfen?
4. Ich hoffe, dass ich ins Ausland gehen kann, um Sprachen zu lernen.
5. Es ist möglich, dass dies der Gesundheit schadet.
6. Es wird vermutet, dass der Präsident schon bald zurücktreten soll.
7. Diese Statistik muss unbedingt bis morgen fertig sein.

Übung 2

Wo stecken die Pleonasmen? Verbessern Sie.
1. Die anwesenden Personen, die sich auch dort befanden, griffen nicht ein.
2. Wir helfen einander immer gegenseitig und finden gute Lösungen.
3. Ebenfalls gehen sie auch auf die Probleme der Lehrlinge ein.
4. Mich persönlich enttäuscht es, dass die Leute nur an sich selbst denken.
5. Die verlangten Ansprüche sind grösser, denn jedes kleine Detail muss stimmen.
6. Von diesen Filmen kommt die Gewalt, die immer mehr zunimmt.
7. Ich frage mich immer wieder, von wo diese Kaltblütigkeit herkommt.
8. Momentan spare ich mein Geld gerade für ein Motorrad.
9. An diese herrlichen Ferien in den Bergen erinnern wir uns gerne zurück.
10. Zum Schluss stellte ich die Bücher wieder ins Regal, dann war ich fertig.
11. Die Hälfte des ganzen Programms war leider bereits schon vorüber.
12. Da es eine Männer-Band war, kamen vorwiegend mehr Frauen ans Konzert.
13. Ich ziehe es lieber vor, eine kürzere Mittagspause zu haben, um am Abend früher nach Hause gehen zu können.
14. Obwohl ich nun einen festen Lohn habe, reicht das Geld trotzdem nicht.
15. Ich prophezeie voraus, dass sich alles jederzeit plötzlich ändern kann.
16. Das heisst mit anderen Worten: Es wird zu viel auf Kredit gekauft.
17. Ich muss ehrlich gestehen, dass mir das gut tut.
18. Auf meine erbrachten Leistungen darf ich stolz sein.
19. Ausser der anfänglichen Einführung wurden sonst keine weiteren Informationen abgegeben.
20. Bei einzelnen Individuen überwiegt meistens der Optimismus.
21. An der Feier war der Künstler persönlich anwesend.
22. Wegen eines Felssturzes bleibt die Strasse weiterhin für den Verkehr gesperrt.
23. Mit meiner Freundin verstehe ich mich so gut, weil wir meistens die gleiche Meinung teilen und miteinander schon so viel gemeinsam unternommen haben.
24. Zum Schluss noch ein letzter Satz; dann schliessen wir diese Übung endgültig ab.

Übung 3

Wie heisst der «Zwilling»?

1. Sag mir frank und ...., was dir nicht gefällt.

2. Diese Regelung öffnet dem Missbrauch Tür und ....

3. Einem solchen Vorschlag wird sie nie und .... zustimmen.

4. Du kannst es drehen und ...., wie du willst: Du bist schuld.

5. Wir machten uns still und .... aus dem Staub.

6. Ihr macht es Freude, die Pflänzchen zu hegen und zu ....

7. Dem Raser wurde an Ort und .... der Führerschein entzogen.

8. Es war mir schlicht und .... zu viel: Mir wurde angst und ....

Kollokationen

Der Ausdruck Kollokation kommt aus dem Lateinischen und besteht aus den Elementen *co(n)* (zusammen) und *locus* (Ort). Bei einer Kollokation handelt es sich um Wörter, die gemeinsam am gleichen Ort vorkommen, die also als fester Ausdruck zusammengehören oder als Wendung oft zusammen auftauchen. Unsere Sprache ist voller Kollokationen. Zum Beispiel: Als der Richter das Urteil verkündete, ... der Angeklagte keine Miene; doch seine Mutter, die im Saal sass, liess ihren Tränen freien ... In die Lücken gehören fast zwangsläufig die Wörter *verzog* und *Lauf*.
Keine Miene verziehen und *freien Lauf lassen* sind typische Kollokationen.

Verschiedene Arten von Kollokationen

Es gibt sehr lockere Kollokationen, wenn es um die Frage geht, welche Wörter zusammen vorkommen können. Welche Verben lassen sich zum Beispiel mit Rechnung kombinieren? Eine Rechnung kann man bezahlen / ausstellen / verschicken / stornieren / ändern / verlangen usw. Verben wie schwimmen / essen / schlafen würden hier natürlich nicht passen.

Daneben gibt es engere Kollokationen, wie beispielsweise keine Miene verziehen / freien Lauf lassen / in ein schlechtes Licht rücken / sich als unbegründet erweisen.
Diese Ausdrücke kommen fast immer in dieser Zusammensetzung vor, obwohl sich auch andere Verben denken liessen.

Einige Wörter können ausschliesslich in Kollokationen vorkommen. Ein Beispiel dafür ist das Wort klipp. Dabei denkt man sofort an den Ausdruck klipp und klar. Anders als zusammen mit klar kann klipp gar nicht vorkommen. Etwas kann klar sein, aber es kann nicht nur klipp sein. Gang kann etwas nicht sein, ebenso wenig wie gäbe. Nur in der Kollokation gang und gäbe ist es möglich.

Auch «Zwillings-Ausdrücke» sind Kollokationen: bei Nacht und Nebel; von altem Schrot und Korn; hinter Schloss und Riegel. (Siehe auch das Kapitel Pleonasmen, Seite 80.)

In einem weiteren Sinne sind auch Redewendungen eine Art Kollokationen:
die Flinte ins Korn werfen; jemandem unter die Arme greifen; den Bettel hinwerfen. (Siehe auch das Kapitel Redewendungen, Seite 86.)

Kontaminationen

Wenn unterschiedliche Kollokationen miteinander vermischt werden, spricht man von einer Kontamination. Folgende Beispiele zeigen das:
ein Buch auslehnen: ein Buch ausleihen / entlehnen
einen Entschluss fällen: einen Entscheid fällen / einen Entschluss fassen
jemanden um Hilfe rufen: um Hilfe bitten / zu Hilfe rufen

Übung 1

Wie lauten die Verben bzw. Verbformen in diesen Kollokationen?

1. Die Zweifel standen ihr ins Gesicht ....

2. Wenn Jugendliche glauben, sie dürften über die Schnur ...., muss man sie in die Schranken ....

3. Sind Sie sicher, dass da alles mit rechten Dingen ....?

4. Auf dem Jahrmarkt .... buntes Treiben.

5. Letzte Nacht ist ein heftiger Sturm über die Schweiz ....

6. Aus diesen Sprachübungen kann ich Nutzen ....

7. Einige Leute mögen es, am 1. April etwas Schabernack zu ....

8. Ein Schneesturm hat den gesamten Verkehr zum Erliegen ....

Übung 2

Welches Verb ist jeweils nicht kombinierbar mit dem Ausdruck am Anfang?
1. jemanden des Diebstahls bezichtigen/erwischen/überführen/verdächtigen
2. ein Feuer entdecken/entfachen/schüren/unter Kontrolle bringen/verglühen
3. einen Plan aushecken/befördern/gutheissen/unterstützen/vereiteln
4. eine Bitte abschlagen/erteilen/vorbringen/vortragen/zur Kenntnis nehmen
5. jemandem eine Arbeit abnehmen/aufhalsen/übertragen/verleihen/verschaffen
6. Weg bereiten/beschreiten/einschlagen/einwenden/verbauen/verfolgen

Übung 3

Wie lauten die Adjektive oder Adverbien in diesen Kollokationen?

1. Unsere Sorgen haben sich zum Glück als .... erwiesen.

2. Wir kamen zu spät und mussten .... Dinge wieder abziehen.

3. Es stand ein grossartiges Buffet bereit, an dem sich die hungrigen Gäste .... tun konnten.

4. Ein Glück, dass du mit einem .... Auge davongekommen bist.

5. Sollte sich die Situation nicht bessern, werden wir eine .... Gangart anschlagen müssen.

Übung 4

Gesucht sind Zwillingsausdrücke; meist ist eine Präposition nötig.
Beispiel: Wo fehlt das Geld? – **an allen Ecken und Enden**

1. Was kann man riskieren? ....

2. Wie kann man sich sträuben? ....

3. Wie ist man bei der Sache? ....

4. Wie folgt man jemandem? ....

5. Wie ist man jemandem ausgeliefert? ....

6. Wie steht man jemandem bei? ....

7. Wie prüft man jemanden? ....

8. Wie kann man jemanden betrügen? ....

9. Wie besteht man eine Prüfung ganz knapp? ....

10. Wie besteht man eine Prüfung sehr gut? ....

Sprichwörter

Die Sprache hält uns eine riesige Fülle von Sprachbildern in Form von Sprichwörtern und Redewendungen bereit. Weil den meisten Menschen solche Sprichwörter vertraut sind, kann man gewisse Sachverhalte wirkungsvoll auf bildhafte Weise darstellen.

Was tut das Sprichwort?

Ein Sprichwort besteht in aller Regel aus einem ganzen Satz. Es drückt eine allgemeine Wahrheit aus, in der häufig viel (Lebens-)Weisheit steckt. Manchmal ist das Sprichwort ganz deutlich und direkt: **Was du nicht willst, das man dir tu, das füg auch keinem andern zu.** In diesem Fall wird die Botschaft durch den Reim noch unterstützt.

Andere Sprichwörter sind nicht auf Anhieb zu verstehen, weil sie ihre Botschaft bildhaft verschlüsseln. Zum Beispiel: **Den Letzten beissen die Hunde.** Hier kommt man nicht ohne Weiteres und vielleicht nur durch Überlegen darauf, was ausgedrückt werden soll: Wer am langsamsten reagiert oder am wenigsten zu sagen hat, befindet sich am Schluss und wird deshalb von den verfolgenden Hunden angegriffen, d. h. er muss die negativen Folgen tragen.

Sprichwörter konfrontieren uns gelegentlich mit Wahrheiten, denen wir sonst nicht so gerne ins Gesicht schauen: **Wer einmal lügt, dem glaubt man nicht, und wenn er auch die Wahrheit spricht.**

Eine «Lebensweisheit» kann natürlich auch sein: **Stress macht auf die Dauer krank.** Deswegen ist das aber noch kein Sprichwort. Sprichwörter sind den meisten Leuten als solche bekannt; sie sind also eine Art Volksweisheit. Deswegen sind Sprichwörter aber nicht unverrückbare Wahrheiten: Was Hänschen nicht lernt oder lernen will, kann Hans durchaus später noch lernen.

Woher kommen Sprichwörter?

Bei Sprichwörtern lässt sich fast nie ermitteln, wo sie herkommen oder wer sie geschaffen hat. Man spricht hier häufig vom «Volksmund».

Es gibt aber einzelne Fälle, wo die Quelle bekannt ist. So haben einige Aussagen den Sprung aus der Literatur in die Alltagssprache geschafft und sind mit der Zeit zu eigentlichen Sprichwörtern geworden. **Wo viel Licht ist, ist viel Schatten** (Johann Wolfgang Goethe); **Raum ist in der kleinsten Hütte** (Friedrich Schiller); **Vater werden ist nicht schwer, Vater sein dagegen sehr** (Wilhelm Busch). Hier müsste man eigentlich von Zitaten sprechen, sie sind aber so stark sprachliches Allgemeingut geworden, dass man sie zu den Sprichwörtern zählen darf. Die Grenze zwischen Zitat und Sprichwort ist nicht klar definiert. Was für die einen noch ein Zitat ist, kann bei anderen schon als Sprichwort gelten.

Übung 1

Setzen Sie richtig zusammen und erklären Sie, was diese Sprichwörter aussagen.

1. Ein gutes Gewissen	18. Seines Fleisses	I	geht durch den Magen.
2. Ein gebranntes Kind	19. Alter	J	ziehen sich an.
3. Eine Schwalbe	20. Liebe	K	schützt vor Torheit nicht.
4. Morgenstund'	21. Kinder und Narren	L	fängt man Mäuse.
5. Ein voller Bauch	22. Die Katze	M	gefällt seine Kappe.
6. Über Tote	23. Gleich und gleich	N	ist der Tag noch nicht zu Ende.
7. Gebratene Hühner	24. Gegensätze	O	soll man nichts Schlechtes reden.
8. Zu viele Köche		P	hat Gold im Mund.
9. Borgen	A bringt Sorgen.	Q	sind alle Katzen grau.
10. Zu viele Jäger	B lässt das Mausen nicht.	R	wurde nicht an einem Tag gebaut.
11. Rom	C ist mit guten Vorsätzen gepflastert.	S	ist ein sanftes Ruhekissen.
12. Am Abend	D darf sich jeder rühmen.	T	scheut das Feuer.
13. Jedem Narren	E gesellt sich gern.	U	legen keine Eier.
14. Mit Speck	F ist man immer klüger.	V	studiert nicht gern.
15. Bei Nacht	G verderben den Brei.	W	macht noch keinen Sommer.
16. Der Weg zur Hölle	H sind des Hasen Tod.	X	sagen die Wahrheit.
17. Nachher			

Ergänzen Sie:

25. Wer andern eine Grube gräbt, ...

26. Wie man in den Wald ruft, ...

27. Wer den Schaden hat, ...

28. Es ist nicht alles Gold, ...

29. Reden ist Silber, ...

30. Was du heute kannst besorgen, ...

Übung 2

Beantworten Sie diese Fragen, die mit Sprichwörtern zu tun haben.

1. Wer schleicht um den heissen Brei? ....

2. Wem schaut man nicht ins Maul? ....

3. Was verlassen die Ratten? ....

4. Wer soll nicht mit Steinen werfen? ....

5. Wohin fällt der Apfel? ....

6. Wie lange geht der Krug zum Brunnen? ....

7. Woher kommt alles Gute? ....

Übung 3

Wie enden diese Sprichwörter und aus welchem Werk stammen sie?

1. Früh übt sich, ...

2. Wer gar zu viel bedenkt, ...

3. Die Axt im Haus ....

4. Der kluge Mann ....

5. Es kann der Frömmste nicht in Frieden leben, ...

Redewendungen

Was ist der Unterschied zwischen einem Sprichwort und einer Redewendung?
Ein Sprichwort besteht aus einem vollständigen Satz und drückt eine Lebensweisheit aus.
Die Redewendung ist in der Regel kein vollständiger Satz, sondern ein kürzerer Ausdruck,
den man beliebig in einen eigenen Satz einbauen kann.

Die Redewendung als Metapher

Eine Redewendung drückt einen Sachverhalt als Metapher (Sprachbild) aus. So ist jemand, der **zwei linke Hände** hat, eine Person, die ungeschickt ist. Redewendungen haben immer eine bildliche Bedeutung (mit etwas Begabung kann man viele von ihnen zeichnerisch darstellen), müssen aber im übertragenen Sinn verstanden werden. Wenn man sagt, eine Person habe **zwei linke Hände,** ist das nicht sehr schwierig zu verstehen. Auch, dass man mit ganz bösen Folgen droht oder rechnet, wenn man **den Teufel an die Wand malt,** dürfte den meisten Leuten geläufig sein. Viele alte Sprachbilder können hingegen nicht mehr auf Anhieb verstanden werden. Wir wissen vielleicht, dass eine Sache, die **keinen Pappenstiel wert** ist, unbedeutend und nutzlos ist. Wer aber weiss, dass **Pappenstiel** ein Wort für den Stängel des Löwenzahns ist? Nicht direkt aus ihren Bildern erschliessbare Redewendungen müssen wir wie den Wortschatz einer Fremdsprache lernen.

Wo kommen Redewendungen her?

Die meisten Sprichwörter und Redewendungen sind uralt und gehörten schon immer zum Sprachschatz. Viele stammen aus der Bibel. Einige Beispiele, die in unserer Zeit noch ganz geläufig sind: **auf Herz und Nieren prüfen** (Psalm 7,10), **auf keinen grünen Zweig kommen** (Hiob 15,32), **wie Sand am Meer** (Genesis 22,17).
Doch in der Regel lässt sich nicht mehr feststellen, wer die Redewendungen geschaffen hat oder woher sie kommen. Manchmal können Redewendungen auf bestimmte Situationen zurückgeführt werden, wie zum Beispiel bei **blau machen,** das für **nichts tun / nicht arbeiten** steht: Diese Redewendung hat ihren Ursprung im Färben und Bedrucken von Stoff. Wenn die Färber die Stoffe blau färben mussten, dauerte es ziemlich lange, bis der blaue Farbstoff ins Tuch eingezogen war und haftete. Deshalb musste man das Tuch längere Zeit ruhen lassen. Während dieser Wartezeit hatten die Färber Gelegenheit, auch einmal das Wirtshaus aufzusuchen oder in der Sonne zu liegen. Dann wussten die Leute: Die Färber sind untätig, weil sie **Blau machen.**

Übung 1

Setzen Sie die Wörter, die zum Kopf gehören, ein und ergänzen Sie:
Auge, Haare, Hals, Kopf, Mund, Nase, Ohr, Stirn, Zahn, Zunge

1. Es ist Zeit, dass man diesem anmassenden Menschen endlich .... bietet.

2. Ich wurde von einem Schwindler über .... gehauen.

3. Manchmal ist es nicht einfach, ... im Zaum zu halten.

4. Mit seiner Äusserung hat er viele Leute vor .... gestossen.

5. Wir brauchen ihm ja diese Tatsache nicht gerade auf .... zu binden.

6. Diese Regelung war vielen schon lange ein Dorn ....

7. Die beiden Nachbarn liegen sich wegen des Parkverbots ....

8. Heute hat uns der Lehrer mit einer Prüfung auf .... gefühlt.

9. Er glaubt nur an sich. Anderen Leuten fährt er sofort über ....

10. Es war als Witz gemeint, aber sie kriegte das in d...... falsch..

Übung 2

Finden Sie zu den obigen «Kopfteilen» möglichst viele weitere Redewendungen.

Übung 3

Welche Tiere gehören zu den folgenden Redewendungen?

1. Er benahm sich wie .... im Porzellanladen.

2. Nach dieser Antwort stand ich da wie ein...... begossene..

3. Ihm ist es wohl, schliesslich ist er .... im Korb.

4. Etwas bezahlt sie selber, doch ihr Vater übernimmt den ....anteil.

5. Tu nicht so geheimnisvoll. Lass endlich .... aus dem Sack!

6. Schade um die Mühe! Damit hast du nur Perlen vor .... geworfen.

7. Der Streik hat nichts gebracht, im Gegenteil. Sie haben sich damit einen ....dienst erwiesen.

8. Du Frech........................, komm mal her! Ich habe mit dir noch .... zu rupfen.

9. Dank diesem Trick schlagen wir gleich zwei .... mit einer Klappe.

Übung 4

Wie lautet die korrekte Ergänzung?
1. Der Nachbar will offenbar wieder einen Streit **aus der Mauer reissen / durch die Hecke drücken / in den Weg legen / vom Zaun brechen / vom Baum pflücken.**
2. Fang nicht mit Drogen an. Früher oder später gerätst du **in des Alptraums Reich / in des Monsters Klauen / in einen Hexenkessel / in des Teufels Küche.**
3. Zeig etwas Ausdauer! Du kannst doch nicht beim kleinsten Problem **den Hund begraben / dein Schäfchen ins Trockene bringen / die Flinte ins Korn werfen / aus dem Rahmen fallen.**
4. Er will wegen dieser Bagatelle vor Gericht gehen. Man sollte doch nicht gleich **einen Besen fressen / mit Kanonen auf Spatzen schiessen / mit dem Kamel durchs Nadelöhr.**
5. Man sieht, dass sie viel Geld haben. Sie leben **mit der Faust aufs Auge / über den Daumen gepeilt / auf grossem Fuss / mit der Tür ins Haus / auf Lorbeeren.**
6. Der Prüfungsbescheid liess endlos lange auf sich warten. Ich sass wie **in der Höhle des Löwen / auf glühenden Kohlen / auf der brennenden Lunte.**

Stilebenen unterscheiden

Die Semantik lehrt, dass ein Wort Bedeutungsmerkmale in sich trägt. Dabei kann es sein, dass sich zwei ähnliche Wörter nur durch einen geringen Unterschied voneinander abheben *(flicken/reparieren)*. Eine weitere Unterscheidung gleicher oder ähnlicher Wörter kann auftreten, wenn man sich in verschiedenen Stilebenen ausdrückt. So bedeuten *essen* und *fressen, sich übergeben* und *kotzen, Barschaft* und *Moneten* inhaltlich dasselbe, je nach Situation und/oder Gesprächspartner wählt man aber den einen oder den anderen Ausdruck.

Die vier Stilebenen

Allgemein lassen sich für unseren Gebrauch 4 Stilebenen definieren (1 = höchste):

1 Gehobene Sprache «Dichtersprache»	2 Standardsprache «Schulsprache»	3 Umgangssprache «Alltagssprache»	4 Gassensprache «Vulgärsprache»
– trefflich	– grossartig, toll	– stark	– affengeil
– Barschaft	– Geld	– Kohle	– Zaster
– dinieren	– essen	– fooden	– fressen
– eine besondere Anstrengung unternehmen	– hart arbeiten	– krampfen	– sich den Arsch aufreissen

Selbstverständlich lassen sich viele Ausdrücke nicht eindeutig der einen oder anderen Sprachebene zuordnen. Die Aufteilung in Stilebenen ist willkürlich und nicht zuletzt auch eine Frage des persönlichen Sprachgebrauchs. So kann sich jemand an der Aussage «Es schifft» stossen, während es für jemand anderen ganz normal ist, auf diese Art festzustellen, dass es regnet.

Weitere Stilvarianten

Neben den obigen, «qualitätsbezogenen» Sprachebenen gibt es noch Stilvarianten, die auf gewisse Bereiche oder Absichten beschränkt sind. Man denke dabei an
Amtsdeutsch: Inpflichtnahme, Wohnsitzänderung
Fachsprache: Software, Schnittstelle, downloaden
humoristische Ebene: sich das Essen nochmals durch den Kopf gehen lassen
euphemistische Ebene: es mit der Wahrheit nicht so genau nehmen.

Wahl der Stilebene

Mit der alten Nachbarin oder dem Pfarrer spricht man anders als mit den Kollegen im Sportverein oder in der Schulklasse. Und beim Verfassen von Texten sollte man sich immer bewusst sein, mit welchen Adressaten man es zu tun hat und welche Absicht man mit einem Text verfolgt. Eine schriftliche Reklamation in der Standardsprache (Ebene 2) klingt anders und hat wohl eine bessere Wirkung, als wenn man auf Stilstufe 3 oder 4 einen wütenden Telefonanruf bei einer Firma tätigt.

Übung 1

Ordnen Sie die folgenden Sätze einer der vier Stilebenen (1–4) zu.

1. Der Kollege hat mich übers Ohr gehauen. (.....)
2. Der Kollege hat mich betrogen. (.....)
3. Der Kollege hat mich verarscht. (.....)
4. Der Kollege hat mich hinters Licht geführt. (.....)
5. Sich bei dieser Hitze ein Bier zu genehmigen ist ein Labsal. (.....)
6. Wir guckten die Fotos an, die ich an der Fete geknipst hatte. (.....)
7. Als er motzte, knallte ihm der Typ die Faust in die Fresse. (.....)
8. Nach dem Training zischen wir oft noch in die Beiz, wo wir bei einem Bier noch ein wenig die Kollegen durchnehmen. (.....)
9. Wer mit dem Auto zu schnell fährt, geht Risiken ein und gefährdet andere. (.....)
10. Es kotzt mich an, dass dieser Drecksmotor immer wieder absäuft. (.....)
11. Es kam zu einem Disput, und die zwei Kontrahenten wurden handgreiflich. (.....)
12. Mein Sohn findet es toll, wenn er mit seinen Kumpels rumhängen kann. (.....)

Übung 2

Suchen Sie Ausdrücke in den anderen Stilebenen.

1.	2.	3.	4.
....	Gefängnis	....	....
....	sterben	....	....
....	schlecht	....	....
....	....	....	klauen

Übung 3

Markieren Sie die Stilbrüche und setzen Sie dafür Ausdrücke der Standardsprache ein.

1. Weil er für die Besprechung mit dem Chef etwas zu früh gekommen war, betrat er das Büro der Sekretärin und quatschte noch ein wenig mit ihr.
2. In der Turnstunde verstauchte ich mir den Fuss. Um festzustellen, ob nichts gebrochen sei, karrte mich der Turnlehrer kurzerhand ins Spital.
3. Fünf Tage Büroarbeit sind wahrlich kein Honiglecken. Darum geniesse ich es besonders, am Wochenende auszugehen und die Sau rauszulassen.
4. Am Ende einer Turnstunde versuchen sich alle darum zu drücken, das ganze Gerümpel wieder im Geräteraum zu versorgen.
5. Den Feierabend geniesse ich am meisten, wenn es im Geschäft hektisch zugegangen ist und ich den ganzen Tag besonders hart geschuftet habe.
6. Wenn sie einmal an einem Samstag viele Kleiderläden besucht, macht sie sich kein Gewissen, denn es ist ja ihr Geld, das sie für Klamotten verjubelt.
7. Als der Chef erfuhr, was sich die Angestellten da geleistet hatten, zitierte er sie in sein Büro und schiss sie nach Noten zusammen.
8. Läutende Handys während einer Schulstunde stören den Unterricht fürwahr, deshalb sollen sie alsbald vom Lehrer eingezogen werden.
9. Es zeugt von Unhöflichkeit, vor dem Ende eines Referates rauszulatschen.
10. Wir hatten kaum noch Zeit, und ich befürchtete schon, wir würden den Zug verpassen, aber Petra wollte ums Verrecken noch eine Zeitschrift kaufen.
11. Als ich unlängst in die Stadt fuhr, wurde ich vieler neuer Baustellen ansichtig.
12. Warum musstest du alles ausplaudern? Jetzt hast du mir die ganze, schöne Überraschung versaut!
13. Diese Übungen sind nützlich, sintemal sie das Sprachgefühl schärfen.

Klare Aussagen machen

Aus Vorsicht, Diplomatie oder Angst formuliert man Aussagen oft so, dass man sich nicht eindeutig festzulegen braucht. Die eigene Meinung wird dann entweder zu wenig deutlich oder übertrieben höflich ausgedrückt.

Verwässernder Konjunktiv: Da **wäre** zum Beispiel der Konjunktiv II. **Wäre** er? Nein, er **ist** da. Da **hätten** wir also schon das erste Beispiel. Warum so vorsichtig? Wir **hätten** es nicht – wir **haben** es ja wirklich vor uns.

Auch mit dem Modalverb **möchte** drückt man sich häufig vorsichtig aus: Da **möchte** man etwas mitteilen, man **möchte** sich bedanken, und man **möchte** sich entschuldigen. Boshaft überlegt, liesse sich das auch so interpretieren: Aha, Sie möchten sich zwar entschuldigen, können oder tun es aber nicht wirklich. Andererseits kann **möchte** angebracht sein, wenn man besonders höflich sein will: Ich möchte Sie um einen Gefallen bitten.

Passivformen: Klare Aussagen können manchmal **vermieden werden,** indem das Passiv **eingesetzt wird.** Dadurch **wird** oft **erreicht,** dass handelnde Personen nicht direkt **genannt werden müssen.** (So, wie in den Sätzen dieses Abschnitts.)

«man»: **Man** kann auch unbestimmt bleiben, indem **man** die Personen nicht beim Namen nennt. So greift **man** zum Pronomen **«man»,** und schon hat **man** den Vorteil, dass **man** sich nicht festzulegen braucht.

Mit **man** ergeben sich dazu oft (negative) Pauschalurteile: **Auch für kurze Distanzen benützt man das Auto** (doch das tun längst nicht alle!). **Zu Fisch trinkt man keinen Rotwein** (ich bin aber nicht **man** und tue es trotzdem).

Adverb: Auch Adverbien können eine Aussage weniger direkt klingen lassen:
Der Aufsatz ist **recht** gut geraten.
Ihre Argumente sind **ziemlich** schwach.
Das Inserat ist **eigentlich noch** originell.

Verneinung: Mit Verneinungen lassen sich Aussagen verwischen: Französisch **liegt mir nicht** (kann ich nicht gut). Verneinungen können auch bewusst euphemistisch eingesetzt werden: Die Prüfung kam **nicht so gut** heraus (also schlecht).
Ich fand den Film **nicht sehr spannend** (also langweilig).

Niemanden kränken

In gewissen Fällen ist es durchaus gerechtfertigt, darauf hinzuweisen, dass es unterschiedliche Meinungen oder Ansichten gibt. Vor allem bei Stellungnahmen und Erörterungen sollte man jedoch nicht alle möglichen Ansichten mit einbeziehen und sich so um eine klare eigene Meinung drücken.
Das ist meine Meinung, aber es gibt natürlich noch andere.
Am Ende muss jeder selber wissen, wie er das beurteilen will.
Die einen mögen diese Art von Musik, die anderen weniger.
Ich will nicht behaupten, dass es immer so ist; man kann es auch anders sehen.

Übung 1

Ersetzen Sie die passiven Konstruktionen durch aktive.

1. Es ist Regen vorhergesagt worden.

....

2. Es tut uns leid: Eine Haftung kann dafür nicht übernommen werden.

....

3. Nach dem Nachtessen wird immer Fernsehen geschaut.

....

4. Alles wird halt oft auf den letzten Moment verschoben.

....

5. Um 10 Uhr wurde Pause gemacht. Es wurde Kaffee getrunken und diskutiert.

....

Übung 2

Wo ist **man / einem / einen** notwendig? Formulieren Sie allenfalls korrekter.
1. Wann man als Jugendlicher zu Hause sein muss, kann man doch selber entscheiden.
2. Viel zu oft wird man während der Wartezeit am Telefon mit Musik berieselt.
3. Um die Autobahn zu benutzen, muss man in der Schweiz eine Vignette kaufen.
4. Man schaut am Fernsehen oft Sendungen, die einen gar nicht interessieren.
5. Auf dem Perron raucht man rasch eine Zigarette, bevor der Zug kommt.
6. Es geht einem auf die Nerven, wenn man an der Kasse lange warten muss.
7. Wenn man in der Schweiz Radio hört oder Fernsehen schaut, muss man Konzessionsgebühren bezahlen.

Übung 3

Verbessern Sie den Brief.

Sehr geehrte Kundschaft

Wir möchten Ihnen hier unseren Katalog fürs neue Jahr zustellen. Er ist umfangreicher als der letztjährige, doch möchten wir darauf hinweisen, dass alle Preise unverändert sind. Wenn Sie etwas bestellen möchten, möchten wir Sie bitten, das Bestellformular auf der letzten Seite zu verwenden. Gewisse Artikel haben relativ lange Lieferfristen. Dafür möchten wir Sie schon jetzt um Entschuldigung bitten.
Wir möchten uns für Ihre Kundentreue im vergangenen Jahr herzlich bedanken. Auch im neuen Jahr sind wir gerne für Sie da. Wir möchten Ihnen schöne Festtage und ein gutes neues Jahr wünschen und grüssen Sie freundlich.

Übung 4

Beseitigen Sie die «Weichmacher».
1. Ich hätte ein Anliegen: Da ich leider eben ziemlich spät dran bin, möchte ich Sie fragen, ob ich meine Arbeit eine Woche später abliefern könnte.
2. Ich finde die Bewertung schon noch recht streng, vor allem weil es doch ein einigermassen schwieriges Thema war.
3. Ich würde sagen, es ist nicht gerade anständig, zu rauchen, wenn andere Leute am Tisch noch am Essen sind.
4. In der Suppe war reichlich Salz, das Stück Fleisch hätte zarter sein können, die Kartoffeln waren ziemlich hart. Dabei war das Menu nicht gerade das billigste.

Überflüssiges ausmerzen

Ich persönlich finde, heutzutage wird halt oft einfach viel zu viel Überflüssiges geschrieben und in die Welt gesetzt. Und ich denke, dass vieles von dem, was man da nun so schreibt, schlussendlich irgendwie auch wirklich echt wichtig tönen soll. Und dennoch sagt es denn dann doch eigentlich gar nicht so wahnsinnig viel aus und ist relativ häufig so ziemlich unwichtig.

Hier wurde auch ziemlich viel Unnötiges geschrieben. Diesen umständlichen Abschnitt kann man in eine kurze Aussage fassen: «Es wird viel Unnötiges geschrieben.»

Kurze, klare Aussagen zeugen von durchdachtem Umgang mit der Sprache. Wie schreibt man prägnant und wirkungsvoll?

Überflüssige Wörter/Ausdrücke

Man sollte sein Augenmerk ganz bewusst auf gewisse Wörter richten und diese vermeiden.

Nichtssagende Füllwörter: Es gibt einige Füllwörter, die unnötiger Ballast sind. Sie schleichen sich, meist ohne dass wir es merken, in Texte ein. Typische Füllwörter sind **nun, doch, auch, ja, halt, noch, schon, dann, eigentlich, natürlich**. In aller Regel lassen sich solche Füllwörter radikal aus Sätzen entfernen, ohne dass die Aussage darunter leidet – ganz im Gegenteil: Der Stil wird direkter, knapper, präziser, besser.

«Unsinnige» Wörter: Gewisse Wörter sind «noch überflüssiger» als die Füllwörter, denn sie verwischen Aussagen auf eine unsinnige Art.

Ich war *irgendwie* müde.	Kann man überhaupt irgendwie müde sein?
Ich war *richtig* enttäuscht.	Kann man denn auch falsch enttäuscht sein?
Der Film war *echt* spannend.	Kann er auch unecht spannend sein?

Überflüssige Aussagen

Auch Floskeln oder ganze Sätze können überflüssig sein.

Binsenwahrheiten: Binsenwahrheiten sind Aussagen, die banale Tatsachen wiedergeben, welche allen klar sind.
Wenn man ins Wasser fällt, wird man nass.
Den einen gefällt klassische Musik, den anderen nicht.

Ich denke: Achten Sie in Diskussionen einmal darauf, wie viele Leute ihre Aussagen mit der völlig unnötigen Floskel **«Ich denke»** beginnen. Man könnte sich boshaft fragen, warum diese Leute so oft darauf hinweisen müssen, dass sie denken. Davon darf man doch ausgehen!

Ich würde (mal) sagen: Eine solche Einleitung ist ebenso unnötig wie unsinnig, denn genau das tut man gerade: Man sagt etwas!

Wenn man seine Texte auf Überflüssiges untersucht und solches eliminiert, wirken diese sofort spontaner und prägnanter.

Übung

Streichen Sie die Sätze, welche eine Binsenwahrheit ausdrücken.

«Entrümpeln» Sie die restlichen Sätze.

1. Ohne Geld kann man natürlich nichts kaufen.
2. Ich kenne die Probleme, die man mit dem öffentlichen Verkehr nun halt einfach einmal hat.
3. Irgendwie hatte ich das Gefühl, dass diese Stelle absolut ideal für mich wäre.
4. Wohin wir dann einmal fahren wollen, wissen wir noch nicht so ganz genau, aber eigentlich spielt das auch noch gar nicht so eine wichtige Rolle.
5. Und wie es halt nun einmal ist: Man wird älter und sieht die Welt mit anderen Augen an.
6. Ich würde sagen, Hilfsbereitschaft ist etwas ziemlich Wichtiges unter Nachbarn.
7. Und so bin ich denn nun also wirklich eine begeisterte Reiterin geworden.
8. In der Schule nehmen wir täglich viel Stoff auf und lernen immer wieder Neues.
9. Und am Abend sollte ich nun aber wirklich noch unbedingt für die Schule arbeiten, aber ich kann mich halt dann eben einfach nicht mehr so recht konzentrieren.
10. Es war für mich richtig ungewohnt, eine solche Arbeit zu erledigen.
11. Das sind denn nun halt wirklich Aussagen, die mir persönlich echt auf die Nerven gehen.
12. Ich denke, die Schweiz ist ja bekanntlich ein Land mit ziemlich vielen Traditionen.
13. Irgendwie hatte ich plötzlich echt das Gefühl, dass die Sache so richtig gut herauskommen könnte.
14. Die Menschen sind verschieden. So mögen die einen eigentlich lieber die eine Art von Mode und andere Leute dann dafür eher wieder eine andere.
15. Ich persönlich höre gern langsame Musik und träume dann jeweils so richtig vor mich hin.
16. Ich würde meinen, es schadet absolut niemandem, ab und zu den Eltern im Haushalt ein wenig zu helfen.
17. Ich schlage vor, wir machen doch nun einfach einmal einen kleinen Rundgang.
18. So fängt man doch dann auch schon bald wieder an, sich Gedanken zu machen, was man nun seinen Lieben so zu Weihnachten schenken könnte.
19. Ich war irgendwie doch echt irritiert, als ich sah, wie viel Geld ich jeden Monat fürs Handy ausgab.
20. Auf den Strassen passieren jedes Jahr viele Unfälle, bei denen es jeweils halt immer wieder Tote und Verletzte zu beklagen gibt.
21. Man muss selber überlegen, was es bringt, wenn man etwas tut.
22. Ich finde, die öffentlichen Verkehrsmittel sollten nun wirklich endlich attraktiver werden, damit mehr Leute umsteigen.
23. Und dann dazu noch so viel Geld für das Rauchen auszugeben, mit dem man sich ja bekanntlich selber schadet, finde ich persönlich sowas von doof und unsinnig.
24. Den ganzen Monat arbeitet man mehr oder weniger hart und hat dann dafür am Ende des Monats den sauer verdienten Lohn auf seinem Bankkonto.
25. Ich kann eigentlich eine solche Haltung einfach nicht so recht verstehen.
26. Ich denke, diese Übung hilft uns, unseren Stil zu verbessern, sodass wir denn nun doch in Zukunft weniger so absolut überflüssige Floskeln verwenden.

Unschönes und Unpassendes vermeiden

Beim Schreiben wird man manchmal von seinen Gewohnheiten dazu verleitet, stilistisch Unschönes oder Unpassendes in einem Text zu verwenden.

Verstärker

Oft hat man das Gefühl, die gewöhnlichen Wörter reichten nicht aus, um starke Eindrücke wiederzugeben. Und flugs kommen gängige Verstärker zum Einsatz – welche schon längst keine Kraft mehr haben, weil sie abgedroschen und fantasielos sind. In der Umgangssprache sind solche Verstärker allgegenwärtig: Die Ferien waren **total** schön. So ein Gerät ist **mega** teuer. Es war **wahnsinnig** heiss. Das Buch ist **absolut** langweilig.

Zwei Verstärker muss man sich besonders merken: **Super** und **riesen** als Adjektive zu verwenden ist immer falsch, weil sie gar keine Adjektive sind. (Siehe auch das Kapitel **Adjektiv,** Seite 54.)

Ist es **wirklich** nötig, solche Verstärker zu setzen? Das Buch ist **echt** gut. Es reicht zu sagen: «Das Buch ist gut.» – Der Film war **mega**langweilig. Auch ohne das leere **mega** ist der Film langweilig, was man sich ohne Weiteres vorstellen kann. Weniger ist hier häufig mehr.
(Siehe dazu auch das Kapitel **Überflüssiges,** Seite 92.)

Mundart-Stileinflüsse

Es gibt Ausdrücke aus der Mundart, die zwar dort nicht unpassend zu sein brauchen, in einem geschriebenen Text aber keinen guten Eindruck machen: Die Arbeit **scheisst** mich **an.** Der Nachbar **checkte** es einfach nicht. Jetzt **löschte** es mir ab. Die Sache war **voll easy.**
(Siehe dazu auch das Kapitel **Stilebenen,** Seite 88.)

Verkürzungen und Abkürzungen

Stilistisch unschön sind verkürzte, «abgefressene» Wörter: Er kam **rein.** Schmeiss **mal was rüber.** Eleganter wirken **herein, einmal, etwas, hinüber.**

Gewisse Abkürzungen sind in einem Text nicht unbedingt fehl am Platz: **z. B.; d. h.; usw.** Andere Abkürzungen dagegen wirken nachlässig und störend: In der Pause trinken wir Tee **od.** Kaffee. Vater **&** Mutter erwarteten uns. Er möchte die **techn. Leitg.** übernehmen.

Satzzeichen

Es wirkt theatralisch, Satzzeichen mehrfach zu setzen (!!!). Ebenso ist es in der Regel nicht nötig, Satzzeichen zu mischen (?!?).
Einen Satz mit den berühmten drei Pünktchen enden zu lassen, kann stilistisch durchaus einmal wirkungsvoll sein… Aber wenn man dies in jedem Abschnitt einmal tut, … Dann bekommen die Leser das Gefühl, der Verfasser sei zu bequem, seine Gedanken niederzuschreiben, und überlasse es ihnen, sich auszudenken, was er sagen wollte …

Übung

Ersetzen Sie stilistisch Unschönes und entfernen Sie Unnötiges.

1. Am vergangenen Samstag habe ich einen total lässigen Abend erlebt.

....

2. Ich denke, man müsste mal mit den Preisen im öffentlichen Verkehr runter.

....

3. Fakt ist, dass ihm die Lehre als kaufm. Angest. echt gefällt.

....

4. Jeden Abend immer nur fernsehen finde ich sowas von daneben.

....

5. Jeder hat doch mal einen Durchhänger, wo ihn alles anscheisst.

....

6. Sie hat einen super Chef, der ihr viel Verantwortung überträgt.

....

7. Die Bar war zwar megavoll, aber es herrschte eine total aufgestellte Stimmung.

....

8. Dieses Buch fand ich sackgut, weil es bis zum Schluss absolut spannend ist.

....

9. Ist es nicht für alle wahnsinnig wichtig, dass man mal abschalten kann?!?!

....

10. Viele Junge spielen tägl. stundenlang Computerspiele & sehen fern.

....

11. Es ist schon noch geil, wenn die schweiz. Nati so super Fussball spielt.

....

12. Es war voll krass, wie die beiden Streithähne aufeinander losgingen.

....

13. Mit Geld umzugehen ist ein riesen Problem für sie.

....

14. Sowas kann mich dann also schon total nerven.

....

15. Als Kind freute ich mich immer irrsinnig auf Weihnachten.

....

16. Es ist voll das Grösste, mal einfach nichts tun zu müssen.

....

17. Ich denke, so 'ne super Übung macht einem absolut klar, was guter Stil ist.

....

18. Wie viele % der Leute finden abgek. Wörter in einem Text od. Brief schön?

....

19. Warum verdienen wir bloss so wenig???? Das Leben ist doch so teuer!!!!!!!!

....

20. Nach diesem Satz dürfte diese Übung wohl gelaufen sein.

....

Zahlen, Ziffern, Massangaben

Wie werden Zahlen in einem Text geschrieben? Eine alte Regel, die sich bis heute hartnäckig hält, taucht immer wieder auf:
Bis *zwölf* schreibt man eine Zahl als Wort, ab *13* als Ziffer.
Diese alte «Buchdruckerregel» hat der Duden schon vor über 20/zwanzig Jahren als nicht mehr gültig bezeichnet. Wann schreibt man denn nun eine Zahl als Wort, wann als Ziffer?

Zahlen als Wort oder als Ziffer?

> Ein- oder zweisilbige Zahlwörter in einem Fliesstext können ausgeschrieben werden: **Es kamen fast hundert Leute. Die Preise sind um acht Prozent gestiegen.**
> Wo in der «Realität» Ziffern stehen, werden auch Ziffern geschrieben:
  Gleis 3 (wie auf der Anzeigetafel); **Zimmer 11** (wie an der Tür); **Seite 5** (wie im Buch)
> Gleiches wird gleich geschrieben:
  Seiten 11–23; ab 10 Stück 5 % Rabatt, ab 25 Stück 10 % Rabatt

Massangaben

> Schreibt man die Zahl als Wort, wird die Masseinheit nicht abgekürzt:
  zehn Prozent (nicht: **zehn %**); **hundert Franken** (nicht: **hundert Fr.**)
> Wird die Masseinheit abgekürzt, steht folglich eine Ziffer:
  200 m; 5500 kg; 25 %; 1,75 t; 3,3 dl
> Wenn Dezimalstellen vorhanden sind, werden immer Ziffern geschrieben:
  3,5 Kilometer / 3,5 km; 72.90 Franken / Fr. 72.90
> Bei einer Ziffer kann die Masseinheit ausgeschrieben oder abgekürzt werden:
  100 Franken / Fr. 100.–; 50 Meter / 50 m; 30 Prozent / 30 %
  (Die einen abgekürzten Masseinheiten stehen vor, andere nach der Zahl.)
> In einem geschriebenen Text sieht die Abkürzung **Fr.** schöner aus als **CHF** (Gabriela erhielt von der Grossmutter ~~10 CHF~~ **Fr. 10.–** zum Geburtstag).

Datum und Zeitangaben

Verbindliche Regeln, wie Zeitangaben oder ein Datum zu schreiben sind, gibt es nicht.
Es war am neunten Januar zweitausendundsieben, um zehn Minuten vor elf Uhr.
Wie gibt man dies wieder? **07-01-09** passt eher zum Computer. In einem Text kann es jedoch missverständlich sein. Ist es der 9. Januar 2007 oder der 7. Januar 2009? (Ein Amerikaner sähe hier – analog zu **nine-eleven** – den 1. Juli 2009.)
Wie schreibt man **zehn Minuten vor elf Uhr?** 1050h, 10^{50} Uhr, $10^{\underline{50}}$ Uhr, 10.50, 10 Uhr 50?
In einem geschriebenen Text, also nicht in Aufzählungen, tabellarischen Übersichten u. Ä., empfiehlt sich folgende Schreibweise:
> Datum traditionell schreiben: **9. Januar 2007.** Bei mehreren Daten kann der Monat abgekürzt werden: **Die Ausstellung dauert vom 9.1. bis 5.3.2007.**
> Für die Uhrzeit empfiehlt es sich, alle Zahlen gleich gross zu schreiben und zwischen Stunden und Minuten einen Punkt zu setzen: **10.50 Uhr, 6.45 Uhr.**
> Eine Null voranzustellen ist nicht notwendig: **07. Juli 2007. Die Ausstellung dauert vom 03.01. bis 06.04.2007. Der Vortrag dauert von 09 bis 11 Uhr.**
  Besser: **7. Juli 2007. Die Ausstellung dauert vom 3.1. bis 6.4.2007. Der Vortrag dauert von 9 bis 11 Uhr.**

Übung 1

Verbessern Sie. (Alle Beispiele stammen aus Zeitungsartikeln.)

1. Das Auto beschleunigt von null auf 100 in weniger als 7 Sekunden.
2. Maximale Teilnehmerzahl 15 Personen. Bei weniger als sieben Anmeldungen wird der Kurs nicht durchgeführt.
3. Langsam trudeln die Teilnehmer ein, insgesamt sind es 18 Männer und vier Frauen.
4. Ich arbeite sehr viel: Ein Arbeitstag von acht Uhr morgens bis 19 Uhr ist normal.
5. 2003 leisteten Angestellte in der Schweiz monatlich durchschnittlich elf Überstunden, im Kader sind es sogar 15.
6. Lediglich zwölf von 280 Führungskräften arbeiten reduziert.
7. Der Betrieb in Bern mit 20 Informatik- und zwölf KV-Lehrlingen erarbeitete einen Business-Plan.
8. Beim Busunglück wurden 50 Kinder verletzt. Wie die Polizei mitteilte, schwebt aber keiner der elf- bis 15-jährigen Schüler in Lebensgefahr.
9. Im Gefängnis für Kriegsverbrecher in Den Haag sind erst drei von 24 Zellen belegt.
10. Der Kantonsrat hat die Revision der Volksschulverordnung mit 83 zu drei Stimmen gutgeheissen.
11. In zwölf von 16 Gewinden wurden falsche Schrauben eingesetzt.
12. Das Museum liegt nur zehn Kilometer von A und 25 Kilometer von B entfernt. Es ist von neun bis 17 Uhr geöffnet.

    Eintrittspreise: Erwachsene 15 Euro

                        Kinder von sieben bis 15 Jahren acht Euro

                        Kinder unter sieben Jahren zwei Euro

Übung 2

Setzen Sie die Uhrzeiten ein.

1. **(zehn nach vier):** Wir treffen um .... ein.

2. **(halb acht:)** Sie beginnt morgens mit der Arbeit um ....

3. **(viertel nach acht/zehn vor elf):** Der Film begann schon um .... und endete erst um

   ....

4. **(neun/zwanzig nach neun):** Die Pause dauert von .... bis ....

Übung 3

Wie lassen sich die Angaben in den Klammern mit Ziffern schreiben?

1. **(hundertfünfzig Tonnen):** Diese neue Maschine hat ein Gewicht von ....

2. **(vier Franken und zwanzig Rappen):** Der Preis für eine Tasse Kaffee erhöht sich auf ....

3. **(zwölf Prozent):** Erfreulicherweise erreicht die Umsatzsteigerung dieses Jahr ....

4. **(zweihundert Stundenkilometern):** Bei einer Geschwindigkeitskontrolle auf der Autobahn erwischte die Polizei einen Autofahrer, welcher unterwegs war mit ....

5. **(vierhundertachtzig Grad Celsius):** Auf dem Planeten Venus herrscht eine Oberflächentemperatur von

   ....

Textredaktion

Tippfehler, Flüchtigkeitsfehler und Ungereimtheiten hinterlassen beim Empfänger eines Schriftstücks einen Eindruck von Nachlässigkeit und Bequemlichkeit. Darum ist es wichtig, sich für ein nochmaliges, sorgfältiges Durchlesen eines Textes genügend Zeit zu nehmen.

Zeitplanung

Ab und zu wird man mit der Schreibarbeit erst im letzten Moment fertig. Zum Durchlesen reicht die Zeit nicht mehr – Hauptsache, der Text ist geschrieben. Solche Zeitnot kann man verhindern, indem man für sich den Termin, bis zu welchem man fertig sein will oder muss, so weit vorverschiebt, dass für eine genaue Durchsicht und Überarbeitung genügend Zeit bleibt. Ratsam ist es auch, schon während eines Entwurfs oder während des Schreibens kurz innezuhalten und das bisher Verfasste sorgfältig durchzugehen. Das macht Änderungen oft einfacher und weniger aufwendig als am Schluss der ganzen Arbeit.

Korrekturprogramme

Bei Texten, welche mit dem Computer geschrieben wurden, können Änderungen und Verbesserungen zwar problemlos vorgenommen werden. Aber es reicht nicht, am Ende der Arbeit rasch ein Korrekturprogramm über den Text laufen zu lassen.
Die meisten Korrekturprogramme erkennen natürlich viele Fehler, namentlich Orthografiefeler, viele gross- und Kleinschreibeprobleme oder ausgelassene Buchtaben. Aber merkt es auch, wenn ein ganzes ausgelassen worden ist?

Die folgenden (echten) Beispiele erkannte das Rechtschreibprogramm nicht:
T-Shirts: Wir schicken Ihnen 3 Leichen zurück, weil der Aufdruck fehlt.
Nächste Woche schreien wir eine Französischprüfung.
In meinem Wandschrank sind viele Dinge versaut.

Silbentrennung

Bei gewissen Programmen muss auch auf die Silbentrennung geachtet werden. Fehler entstehen vor allem, wenn Silben getrennt, anschliessend aber noch Textteile eingefügt oder weggenommen wurden. Dann kann es **vor-kommen**, dass die **Tren-nungsstriche**, die man **einge-fügt** hat, stehen bleiben.

Stilistische Redaktion

Die stilistische Redaktion nimmt einem der Computer nicht ab. Stimmt der Satzbau? Sind die Sätze vollständig? Sind die Aussagen klar? Gibt es Wortwiederholungen oder überflüssige Füllwörter? Diese und andere Aspekte sollten immer überprüft werden.

Auch handgeschriebene Texte sollten am Schluss jeweils sorgfältig durchgelesen werden. Hier muss zusätzlich auf die Rechtschreibung ein besonderes Augenmerk gelegt werden. Nehmen wir uns die Zeit und gehen wir unsere Texte am Schluss nochmals akribisch durch. Es lohnt sich.

Übung 1

Folgender Text wurde vom Rechtschreibprogramm des Computers nicht beanstandet.
Verbessern Sie die Fehler.

Gestern Abend tollten wir gemeinsam etwas unternehmen. Meine zwei besten Freude und ich trafen und bei mir zu Hause. Da es ein wilder Sommerabend war – die Wonne lenkte sich langsam dem Horizont entgegen und es blies ein lautes Lüftchen – wollten wir natürlich nicht zu Hause bleiben. „Wir könnten doch schlimmen gehen", schlug David vor. „Nach dieser langen Hetze ist das Wasser in den Sehen nicht mehr kalt. Das wäre eine willkommene Abkühlung." Tobias meinte: „Im Moment säuft doch der neue James Band. Ich schlage vor, ins Kind zugehen. Ich habe von meiner Tinte echt Gutscheine zum Geburtstag bekommen. Ich bade euch ein. Ich habe dann ja immer noch fünf Kanten übrig. Nach dem Film gehen wir etwas essen, zum Beispiel eine Piazza im Karten eines Restaurants. Nach zwei Stunden, wenn wir das Essen versaut haben, können wir noch ein Bad im Tee nehmen. Buden nach Mitternacht ist etwas ganz Volles! Und heute Naht scheint der volle Mund. Dann wird's sogar noch romanisch."

Übung 2

Trainieren Sie Ihr Auge. Finden Sie den «Verarbeitungsfehler», der in jedem Satz steckt. Verbessern Sie ihn, wenn möglich.

1. Der Unfall geschah, weil der Autofahrer einen von von rechts kommenden Roller übersah.
2. Wegen eines Eisenbahnerstreiks in Frankreich wird den Reisenden geraten, sich vor der Abfahrt telefonisch mit der Ausknuftsstelle in Verbindung zu setzen.
3. Heute solltest du mit dem Bus zur Arbeit fahren. Der Wetter*bericht* hat Sturm vorausgesagt, und da ist es mit dem Velo zu gefährlich.
4. Sie haben uns eine schnellle Lieferung versprochen, doch die Ware ist noch immer nicht eingetroffen.
5. Sie hat im Sinn, eine grosse Anzahl Leute einzuladen, denn feiert dieses Jahr einen runden Geburtstag.
6. Edward Kennedy sitzt seit über 35 Jahren im amerikanischen Senat. Er ist der letzte der vier Kennedy-Brüder. (Der älteste starb schon 1944 im Krieg. John F. Kennedy, der 35. amerikanische Präsident, wurde 1963 ermordet, ebenso Robert, als er 1968 für das Amt des Präsidenten kandidierte.
7. Ein englisches Sprichwort besagt: Man kann einen Pudding nicht an die Wand zu nageln.
8. Früher galt es als modern, allen zu zeigen, dass man ein Handy besass. Heute gibt es Restaurants, in denen Handys nicht erwünscht sind. So werden die Gäste beim Essen weniger gestört.
9. Ich kann nicht verstehen, dass viele Touristen, die im Ausland Ferien machen, und alles gleich wie bei ihnen zu Hause sein soll.
10. Bei diesen modern Tischlampen lässt sich die Helligkeit vorwählen. Je nach Witterung wird die Lampe heller oder weniger hell brennen.
11. Sie ist eine kritische Leserin. Sie glaubt nicht alles unbesehen, was sie liest.
12. Die Amerikaner wollen bis spätestens im Jahr 2019 wieder Menschen auf dem Mond landen lassen. Das würde mit dem 50. Jahrestag der ersten bemannten Mondlandung zusammentreffen. Am 20. Juli 1969 setzten Neil Armstrong und Edwin Aldrin als erste Menschen ihren Fuss auf einen fremden Himmelskörper. Seit im Dezember 1972 Eugene Cernan wieder in die Mondfähre kletterte, waren keine Menschen mehr auf dem Mond.
13. Dies ist der letzte Satz dieser Übung.

San Salvador

Kurzgeschichte von Peter Bichsel

Er hatte sich eine Füllfeder gekauft.

Nachdem er mehrmals seine Unterschrift, dann seine Initialen, seine Adresse, einige Wellenlinien, dann die Adresse seiner Eltern auf ein Blatt gezeichnet hatte, nahm er einen neuen Bogen, faltete ihn sorgfältig und schrieb: «Mir ist es hier zu kalt», dann «ich gehe nach Südamerika», dann hielt er inne, schraubte die Kappe auf die Feder, betrachtete den Bogen und sah, wie die Tinte eintrocknete und dunkel wurde (in der Papeterie garantierte man, dass sie schwarz werde), dann nahm er seine Feder erneut zur Hand und setzte noch grosszügig seinen Namen Paul darunter.

Dann sass er da.

Später räumte er die Zeitungen vom Tisch, überflog dabei die Kinoinserate, dachte an irgendwas, schob den Aschenbecher zur Seite, zerriss den Zettel mit den Wellenlinien, entleerte seine Feder und füllte sie wieder. Für die Kinovorstellung war es jetzt zu spät.

Die Probe des Kirchenchors dauert bis neun Uhr, um halb zehn würde Hildegard zurück sein. Er wartete auf Hildegard. Zu all dem Musik aus dem Radio. Jetzt drehte er das Radio ab.

Auf dem Tisch, mitten auf dem Tisch, lag nun der gefaltete Bogen, darauf stand in blau-schwarzer Schrift sein Name Paul.

«Mir ist es hier zu kalt», stand auch darauf.

Nun würde also Hildegard heimkommen, um halb zehn. Es war jetzt neun Uhr. Sie läse seine Mitteilung, erschräke dabei, glaubte wohl das mit Südamerika nicht, würde dennoch die Hemden im Kasten zählen, etwas müsste ja geschehen sein.

Sie würde in den «Löwen» telefonieren.

Der «Löwen» ist mittwochs geschlossen.

Sie würde lächeln und verzweifeln und sich damit abfinden, vielleicht. Sie würde sich mehrmals die Haare aus dem Gesicht streichen, mit dem Ringfinger der linken Hand beidseits der Schläfe entlangfahren, dann den Mantel aufknöpfen.

Dann sass er da, überlegte, wem er einen Brief schreiben könnte, las die Gebrauchsanleitung für den Füller noch einmal – leicht nach rechts drehen – las auch den französischen Text, verglich den englischen mit dem deutschen, sah wieder seinen Zettel, dachte an Palmen, dachte an Hildegard.

Sass da.

Und um halb zehn kam Hildegard und fragte: «Schlafen die Kinder?»

Im Spiegel

Erzählung von Margret Steenfatt

«Du kannst nichts», sagten sie, «du machst nichts», «aus dir wird nichts.»
Nichts. Nichts. Nichts.

Was war das für ein NICHTS, von dem sie redeten und vor dem sie offensichtlich Angst hatten, fragte sich Achim, unter Decken und Kissen vergraben.

Mit lautem Knall schlug die Türe hinter ihnen zu.

Achim schob sich halb aus dem Bett. Fünf nach eins. Wieder mal zu spät. Er starrte gegen die Zimmerdecke. – Weiss. Nichts. Ein unbeschriebenes Blatt Papier, ein ungemaltes Bild, eine tonlose Melodie, ein ungesagtes Wort, ungelebtes Leben.

Eine halbe Körperdrehung nach rechts, ein Fingerdruck auf den Einschaltknopf seiner Anlage. Manchmal brachte Musik ihn hoch.

Er robbte zur Wand, zu dem grossen Spiegel, der beim Fenster aufgestellt war, kniete sich davor und betrachtete sich: lang, knochig, graue Augen im blassen Gesicht, hellbraune Haare, glanzlos. «Dead Kennedys» sangen: «Weil sie dich verplant haben, kannst du nichts anderes tun als aussteigen und nachdenken.»

Achim wandte sich ab, erhob sich, ging zum Fenster und schaute hinaus. Strassen, Häuser, Läden, Autos, Passanten, immer dasselbe.

Zurück zum Spiegel, näher heran, so nahe, dass er glaubte, das Glas zwischen sich und seinem Spiegelbild durchdringen zu können. Er legte seine Handfläche gegen sein Gesicht im Spiegel, liess seine Finger sanft über Wangen, Augen, Stirn und Schläfen kreisen, streichelte, fühlte nichts als Glätte und Kälte.

Ihm fiel ein, dass in dem Holzkasten, wo er seinen Kram aufbewahrte, noch Schminke herumliegen musste. Er fasste unters Bett, wühlte in den Sachen im Kasten herum und zog die Pappschachtel heraus, in der sich einige zerdrückte Tuben fanden. Von der schwarzen Farbe war noch ein Rest vorhanden. Achim baute sich vor dem Spiegel auf und malte zwei dicke Striche auf das Glas, genau dahin, wo sich seine Augenbrauen im Spiegel zeigten. Weiss besass er reichlich. Er drückte eine Tube aus, fing die weiche ölige Masse in seinen Händen auf, verteilte sie auf dem Spiegel über Kinn, Wangen und Nase und begann, sie langsam und sorgfältig zu verstreichen. Dabei durfte er sich nicht bewegen, sonst verschob sich seine Malerei. Schwarz und Weiss sehen gut aus, dachte er, fehlt noch Blau. Achim grinste seinem Bild zu, holte das Blau aus seinem Kasten und färbte noch die Spiegelstellen über Stirn und Augenlidern.

Eine Weile verharrte er vor dem bunten Gesicht, dann rückte er ein Stück zur Seite, und wie ein Spuk tauchte sein farbloses Gesicht im Spiegel wieder auf, daneben eine aufgemalte Spiegelmaske.

Er trat einen Schritt zurück, holte mit dem Arm weit aus und liess seine Faust in die Spiegelscheibe krachen. Glasteile fielen herunter, Splitter verletzten ihn, seine Hand fing an zu bluten. Warm rann ihm das Blut über den Arm und tröpfelte zu Boden. Achim legte seinen Mund auf die Wunden und leckte das Blut ab. Dabei wurde sein Gesicht rotverschmiert.

Der Spiegel war kaputt. Achim suchte sein Zeug zusammen und kleidete sich an. Er wollte runtergehen und irgendwo seine Leute treffen.

Gedanken zum Einsatz des Lehrmittels im Unterricht

Die konsequent eingehaltene Gliederung in Theorie (linke Seite) und Praxis (rechte Seite) könnte dazu verleiten, das Lehrmittel wie ein Kochbuch zu verwenden – im Sinne von: Buch Seite XY aufschlagen, Theorie lesen, Übungen lösen. Diese Anwendung läge nicht in der Absicht der Verfasser. Sicher kann ausnahmsweise mit dem Lehrmittel in ein Thema eingestiegen werden. Doch viel eher sehen die Autoren den Lehrmitteleinsatz im Anschluss an die Einführung in ein Thema, zum Beispiel für eine Repetition des Gelernten oder auch zur Erweiterung und Vertiefung eines Stoffgebietes.

Beispiel eines Arbeitsauftrags

Werden Arbeitsaufträge zu selbstentdeckendem und eigenständigem Lernen gestellt, sollten diese klar, verständlich und vollständig sein. Der folgende ausformulierte Arbeitsauftrag zeigt am Beispiel «Medien», wie das Kapitel «Berichten: Die Zeitungsmeldung» eingebaut werden könnte.

1. Ausgangslage

Im Rahmen des Themas «Medien» haben wir im Deutschunterricht diverse Tageszeitungen in Bezug auf Gestaltung (Layout), Umfang, Inhalt, Zielpublikum und Grösse (regional, überregional, national) verglichen. Danach haben wir eine Zeitung (Tages-Anzeiger) speziell auf die verschiedenen Textformen untersucht und dabei festgestellt, dass in jeder Ausgabe nebst den ausführlichen Berichten zu aktuellen Ereignissen, den Hintergrundberichten und Kommentaren auch viele kurze Texte über diverse Themen zu finden sind. Um diese Kurzberichte geht es heute.

2. Ziele

> Sie haben in Gruppen 3 Zeitungsmeldungen bezüglich Inhalt, Form und Sprache analysiert.
> Sie haben die typischen Merkmale bezüglich Aufbau und Sprache herausgearbeitet.
> Sie sind nach der Gruppenarbeit in der Lage, selber solche Zeitungsmeldungen zu verfassen.

3. Auftrag

Sie analysieren die vorliegenden 3 Zeitungsmeldungen mit Hilfe folgender Fragen:
> Worüber wird berichtet?
> Wie wird darüber berichtet?
> Wie sind die Texte aufgebaut?
> Was ist typisch an der sprachlichen Gestaltung?

4. Arbeitsweise

Gruppenarbeit zu 3 oder 4 Personen. Die Gruppe bestimmt selber, wer das Team leitet, wer das Protokoll führt und wer die Ergebnisse im Plenum präsentiert.

5. Zeit

30 Minuten. Zurück im Klassenraum um ... Uhr.

6. Produkte

a) Mündlicher Bericht zu den Fragen «Worüber wird berichtet?»/«Wie wird darüber berichtet?»
b) Schriftliche Aufzeichnungen auf A3-Papier zu den beiden anderen Fragen.

So könnte es weitergehen

> Klassengespräch: Ergebnisse sammeln, ordnen, besprechen
> Evtl. den Pyramidenaufbau (Buch Seite 24) anschauen und erklären
> Als Hausaufgabe im Sinne einer Repetition die Seiten 24–25 des Buches lesen
> In einer nächsten Lektion selber mit Hilfe von Stichwörtern eine Zeitungsmeldung verfassen

Stichwortverzeichnis

der bildungsverlag
www.hep-verlag.ch

Alex Bieli, Ruedi Fricker, Katrin Lyrén

Deutsch Kompaktwissen
Band 1

Wort- und Satzlehre, Grammatik,
Rechtschreibung und Zeichensetzung

In «Deutsch Kompaktwissen. Band 1» werden die wichtigsten
Themen der formalen Sprachbereiche behandelt: Wort- und Satzlehre, Grammatik, Rechtschreibung und Zeichensetzung. Das Grund-
lagenwerk ist klar und übersichtlich gegliedert: Jedem Bereich ist eine
Doppelseite gewidmet; die gut verständliche Darstellung des theoretischen Hintergrundwissens befindet sich auf der linken, die praktische Anwendung mit zahlreichen Übungen auf der rechten Seite.
Das Lehrmittel eignet sich für den Klassenunterricht in der beruflichen
Ausbildung auf der Sekundarstufe II, für Erwachsenenbildung sowie
– zusammen mit dem Lösungsheft – für das Selbststudium.

131 Seiten, A4, broschiert

Lösungsbuch
56 Seiten, A4, broschiert